Beroep: avonturier

Eerder verschenen van Kees van der Spek:

Achter de schermen bij: Peter R. de Vries, misdaadverslaggever
Achter de schermen bij: Oplichters in het buitenland

Kees van der Spek

Beroep: avonturier

De Fontein

Eerste druk mei 2023
Tiende druk november 2024

Omslagontwerp Studio Jan de Boer, Utrecht
Omslagfoto © Joep Venmans
Opmaak binnenwerk Mat-Zet, Weesp
ISBN 978 90 261 6650 1
ISBN e-book 978 90 261 6651 8
ISBN luisterboek 978 90 261 6652 5
NUR 339

www.uitgeverijdefontein.nl

Uitgeverij De Fontein vindt het belangrijk om op milieuvriendelijke en verantwoorde wijze met natuurlijke bronnen om te gaan. Bij de productie van het papieren boek van deze titel is daarom gebruikgemaakt van papier waarvan het zeker is dat de productie niet tot bosvernietiging heeft geleid.

Inhoudsopgave

Voorwoord

Kijk, het zit zo. Ik beleef eenvoudig te veel avonturen om ze niet met jullie te delen. Dat klinkt nogal aanmatigend, maar het is, vrees ik, gewoon de waarheid.

Mijn ontembare zucht naar avontuur ontwikkelde zich al op jonge leeftijd. Het is me van kindsbeen af met de paplepel ingegoten. Mijn ouders ontmoetten elkaar begin jaren zestig in de Zwitserse stad Schaffhausen, waar mijn vader stage liep als technisch tekenaar en mijn moeder vakantiewerk deed als kamermeisje in een hotel. Op de lokale radio had mijn vader een oproep gehoord voor vrijwilligers die wilden helpen met het opzetten van een christelijke kibboets in Israël.

Dat leek hem wel wat en hij vond in mijn moeder een avontuurlijk ingestelde partner. Het tweetal reisde naar Nederland, waar naar goed christelijk gebruik eerst getrouwd werd. Daarna kocht het kersverse stel van de in Zwitserland gespaarde francs een VW-kevertje en reed daarmee – we schrijven 1962 – helemaal naar Israël. Een avontuur van jewelste, zeker in die tijd. In 1964 werd ik in het ziekenhuis van Nazareth geboren.

Mijn wiegje stond in een uiterst gammele barak in kibboets Nes Ammim in de buurt van het noordelijk gelegen stadje Naharia. De poten van het wiegje stonden in kommetjes water, zodat er geen schorpioenen omhoog konden kruipen.

Zo begon het dus allemaal.

Via Duitsland en Nederland belandden we (ik had inmiddels drie zussen) in 1976 in Suriname, waar mijn vader als econoom op het planbureau in Paramaribo werkte, uitgezonden door het Nederlandse ministerie van Ontwikkelingssamenwerking. Als twaalfjarige begon ik daar aan mijn middelbare school, het Vrije Atheneum aan de Commewijnestraat. Tropenrooster, dus alleen 's ochtends school, inclusief de zaterdag.

De Surinaamse middagen sleet ik vrijwel zonder uitzondering op het vliegveld Zorg en Hoop, op amper 300 meter van ons huis: een klein airstripje waar alleen propellervliegtuigen konden landen en opstijgen. Een van de gebruikers van dit vliegveld was en is nog steeds de MAF, een soort Flying Doctors die onder meer noodvluchten uitvoeren op het binnenland om daar met spoed zieke inheemsen uit de afgelegen dorpjes naar het ziekenhuis in Paramaribo te vervoeren. Suriname – waarvan algemeen wordt aangenomen dat dit het meest beboste land ter wereld is – kent weinig wegen. Veel binnenlandse nederzettingen hebben daarom een vliegveldje in de vorm van een platgebrand, geëgaliseerd stukje oerwoud.

Het moge duidelijk zijn dat mijn focus gedurende de drie jaar dat ik in Paramaribo woonde volledig lag op in het gevlei komen bij de uiterst stoere Amerikaanse piloten van de MAF:

Terry, Buddy en Paul. Ze waren mijn grote helden. Ik was altijd bereid om even te helpen poetsen, of een van de drie Cessna's 206 en 207 aan te duwen, en het lukte me om zo aardig gevonden te worden dat ik steeds vaker werd meegevraagd. Op een gegeven moment was ik als jochie van dertien, veertien jaar oud onderdeel van het meubilair in en rond de hangar van de MAF geworden, en wel zodanig dat ik zo'n driemaal per week meevloog. '*Kees, we have an emergency call from Tepoe. I need a co-pilot. Are you available?*'

Zo werden nieuwe impulsen toegevoegd aan mijn inmiddels flink gestimuleerde hang naar avontuur. Ik mocht in die tijd een week in Kwamalasamoetoe logeren, een van de meest afgelegen indianendorpen van het land, op zo'n 50 kilometer van de Braziliaanse grens, diep in het zuidwesten van Suriname. Ik sliep in een hangmat onder een dak van palmtakken, ging mee op jacht, at brulaap en dronk kasiri uit een kalebas om de malariapillen weg te spoelen. (Kasiri is een drank bereid uit door oude vrouwen gekauwde en uitgespuugde cassavebrokken die vervolgens gaan gisten.)

In 1979 verhuisde het gezin Van der Spek naar Burundi, in Centraal-Afrika. Tot op de dag van vandaag is dat officieel het armste land op aarde. Ik bezocht daar tot mijn zeventiende de Ecole Autonome Belge, een Belgische variant van het vwo. Ook in Bujumbura, de stad waar we woonden, was het avontuur nooit ver weg. Wat te denken van onze roekeloze zondagen op het Tanganyika-meer? Als ontluikende puber had ik mijn oog laten vallen op de mooie Ann, een Belgische medescholiere wier oudere broer een speedboot bezat. In de weekends gingen we niet zelden met een krat bier het enorme, 600 kilometer lange meer op en scheerden dan op waterski's gevaarlijk dicht langs de nijlpaarden bij de oever. Ook schoten we met harpoenen een lokale variant van onze paling.

En dan de gedenkwaardige klim van de Mbosa, een berg niet ver van Bujumbura. Met een stuk of tien leerlingen hadden we het idee opgevat deze berg te bedwingen. Tentjes mee, proviand in de rugzakken en daar gingen we. Meteen aan de voet van de berg boden enkele Burundese mannen zich aan om (uiteraard tegen betaling) onze spullen te dragen. We stemden in en begonnen aan de lange klim. Aan het einde van die middag, halverwege de weg naar de top, wilden we ons kamp opslaan voor de nacht. We stopten bij een klein dorpje en na enig overleg tussen onze dragers en de dorpsbewoners werd overeengekomen dat we in de plaatselijke kerk mochten slapen. Tussen de houten banken rolden we onze slaapzakken uit, ik de mijne uiteraard dicht naast die van Ann.

De volgende morgen wilden we verder, maar toen een van ons de kerkdeuren opende, stond daar een groep mannen ons op te wachten, dreigend met kapmessen. Ze eisten al ons geld en een deel van onze spullen. Die hebben we uiteraard gedwee afgegeven. Berooid kwamen we die dag thuis. Gek genoeg herinner ik me niet dat mijn ouders erg geschokt waren door deze gebeurtenis. Eigenlijk is dat een soort rode draad door mijn jeugd: er werd nauwelijks bezorgd gereageerd op bijzondere, soms ronduit gevaarlijke situaties.

Ook niet toen ik eens onderweg naar buurland Rwanda zeker tien wurmen uit mijn gezicht drukte. Ik dacht dat het puistjes waren, maar kennelijk was ik de dag ervoor door een of ander insect gestoken dat eitjes onder mijn huid had gelegd. 'Gooi maar uit het raam,' hoor ik mijn totaal niet bezorgde moeder nog zeggen. Het werd als te onbeduidend gezien om er de auto helemaal voor aan de kant te zetten, laat staan om ervoor langs een dokter te gaan.

Al vrij jong realiseerde ik me zeer bewust dat bijzondere dingen meemaken een zeer grote aantrekkingskracht op me uitoefent. Dat ik die gebeurtenissen en belevenissen op het moment dat ze plaatsvinden al moest koesteren, om ze zo telkens per stuk te conserveren, als een verzameling kostbare artefacten in de steeds groeiende rij vitrines van het museum van mijn leven. De eerste keer dat ik dit proces gewaarwerd, dus dat ik bewust een gebeurtenis op het moment zelf als het ware met witte handschoentjes voorzichtig in een etalage tilde, was rond 1980 in Burundi.

Ik ben zestien en rijd op mijn brommer naar de Rusizi, de grensrivier met buurland Zaïre. Er woont daar geen mens. Ik zet mijn brommer op de standaard en loop van de weg af langs de rechteroever richting het Tanganyika-meer, waar de Rusizi in uitmondt. Na amper 100 meter kom ik uit een bocht in de rivier en voor mij ontvouwt zich een tafereel uit een natuurfilm. Ik stop en kniel als David Attenborough in bijna religieus ontzag neer op het gras. Voor me is de rivier, met een zandbank in het midden. Ik zie nijlpaarden en krokodillen op enkele tientallen meters afstand. Bij een reeks gaten in een steile bedding aan de overkant zwermen felgekleurde geel-en-rode vogels in en uit. 'Dit mag ik nooit vergeten. Hier moet ik nú van genieten.' Ik hoor het mezelf nog zachtjes prevelen.

En zo ben ik dat blijven doen, tot op de dag van vandaag. Avonturen beleven en 'belevenis-schatten' verzamelen is mijn werk geworden.

Kortgeleden sprak ik iemand die iets met aandelenhandel doet op de beurs. Eigen onderneming, drie dozijn mensen in dienst en de hele dag geld harken. Hij vertelde honderduit over hoe CO_2-rechten heel veel euro's opleveren en dat emissierechten in het algemeen nogal de bom zijn tegenwoordig. Hij reed de meeste dagen op en neer naar zijn kantoor in Amsterdam, maar vertelde ook steeds vaker gewoon 'lekker vanuit huis' te werken.

Vervolgens vroeg hij mij wat ik de afgelopen drie maanden eigenlijk had uitgespookt. Schuin links omhoogkijkend (daar zweeft immers naar het schijnt voor rechtshandigen de herinnering) antwoordde ik vrij monotoon: 'In Turkije een man opgespoord die bijna een kwart miljoen achterover had gedrukt. Een undercoveroperatie in een weeshuis in Mumbai. In het uiterste zuiden van Brazilië met hulp van een plaatselijke privédetective een vrouwelijke Tinder-swindler ontmaskerd en in een vrij gevaarlijke buurt in Abidjan, in Ivoorkust, samen met de lokale politie een afperser gearresteerd.'

Redelijk verbijsterd keek de financiële duizendpoot me aan en zei: 'In drie maanden?!'

Mijn vrouw Annabelle kijkt hier niet meer van op (heeft ze ook nooit gedaan trouwens), maar ik maak me toch sterk dat de blik in de ogen van die beurshandelaar vrij exemplarisch is voor de reactie van de meeste normale mensen. Dus daarom dit boek over onze avonturen. Lang niet alles heeft in de tv-uitzendingen gezeten. Immers, je bent telkens een hele week op pad voor een reportage en in één aflevering blijven daar slechts drieënveertig minuten van over.

Alle uithoeken van de wereld dus. Hachelijke situaties, levensgevaarlijke momenten en onverwachte wendingen. Soms ook ontnuchterende gebeurtenissen en hilarische toestanden die je in een film niet zou verwerken omdat ze te ongeloofwaardig zijn. Maar het is allemaal echt gebeurd. Lees het maar in deze volstrekt willekeurige selectie van twintig belevenissen uit de meer dan honderdvijftig reizen door bijna negentig landen die ik de afgelopen zevenentwintig jaar als journalist maakte.

1

Pakketbezorger tijdens een burgeroorlog

Kameroen, maart 2021

Het is drie uur 's nachts en aardedonker. Werd ik nou wakker van vuurwerk in de verte of van iets wat op mijn gezicht kriebelde? Als je veel reist, duurt het altijd een paar tellen voordat je beseft waar je bent. Soms komt dat pas als je onderweg naar het toilet tegen een muur botst, en eenmaal gebeurde het in Bangkok dat ik piemelnaakt op de gang van mijn hotel met nog net de deurknop in mijn hand echt wakker werd, letterlijk een seconde voordat ik de kamerdeur in het slot zou laten vallen en dus noodgedwongen in adamskostuum via de lift zes etages lager bij de receptie om een extra pasje had moeten vragen.

Maar nu was ik ruim op tijd: o nee, geen vuurwerk hier. Geweervuur eerder.

Ik tast naar het lichtknopje naast mijn bed. Mijn vingers glijden langs het vettige snoer naar de schakelaar. Ik knip het licht aan. Niks. Geen elektriciteit dus. Vandaar ook dat het zo heet is: de airco doet het nu natuurlijk ook niet. Mijn telefoon biedt uitkomst. In het schijnsel van het zaklampje zie ik een dikke kakkerlak op de muur achter mijn hoofd wegschieten. Dat was dus dat gekriebel. Ik sta op en waggel met de telefoon in de hand slaapdronken naar het toilet. Op de rand van de pot (de bril is afgebroken en staat ernaast tegen de muur) zitten nog twee kakkerlakken.

Het Ayaba Hotel is met stip op één het smerigste hotel waar we ooit hebben gelogeerd. We zitten in West-Kameroen, in Bamenda om precies te zijn. Dat is de hoofdstad van de niet-erkende vrijstaat Ambazonië, waar Engelstalige rebellen al jaren strijden voor afsplitsing van het verder Franstalige land. En die strijd is hevig. De afgelopen vier jaar vielen hier drieduizend doden.

In Nederland heeft vrijwel niemand er ooit van gehoord. Wij ook niet. Tot we een oplichter op het spoor kwamen die hier blijkt te wonen en we ons in de regio gingen verdiepen. Op de kaart van het ministerie van Buitenlandse Zaken kleurt dit gebied bloedrood. 'Ga er niet heen.' 'Bent u onverhoopt toch in dit gebied terechtgekomen, ga er dan zo snel mogelijk vandaan.' Dat soort waarschuwingen.

Er is hier een hoog risico op ontvoeringen van westerlingen door onder andere Boko Haram-strijders die vanuit Nigeria clandestien de grens oversteken. En het reële gevaar bestaat dat je onverhoopt in een vuurgevecht tussen leger en opstandelingen belandt. Bamenda is in staat van beleg. Overal gepantserde legervoertuigen, op elke straathoek zwaarbewapende militairen en een relatief veilige zone die Upstation heet. Ons hotel is het enige 'normale' hotel in Upstation. Daarom zitten we ook hier.

Even kort de zaak: in Nederland kregen we contact met een echtpaar dat een kindje wilde adopteren. Het stel was in contact gekomen met een weeshuis in Kameroen. Dat weeshuis had een mooie website en zo was na wat overleg over en weer vanuit dat Afrikaanse land de adoptieprocedure gestart.

Er moesten along the way – dus voordat er geadopteerd kon worden – wel allerlei gebruikelijke onkosten worden vergoed door het echtpaar. Toen dat de 8000 euro begon te overschrijden, kwam de argwaan. Ik ontving een mail en realiseerde me al lezend dat we al eerder zo'n verhaal hadden binnengekregen, van een ander stel dat al veel eerder argwaan had gekregen en nog niks had betaald.

Het bleek om exact hetzelfde weeshuis te gaan. Ons onderzoek wees algauw uit dat de gelikte website een samenraapsel was van andere websites en dat het hele weeshuis zeer waarschijnlijk niet bestaat. De baas van het nepweeshuis met wie men correspondeerde was dus een oplichter die schaamteloos de kinderwens van echtparen misbruikte.

Onze IT-specialist Danny had de correspondentie met de oplichter uit naam van het gedupeerde stel voortgezet en heel handig een locatieverklikker inclusief toegang tot de selfiecam bij hem naar binnen geloodst. Dit klinkt allemaal heel illegaal van ons, maar dat is niet zo. Ik kan er niet te veel over verklappen, maar onze tool is zo geconstrueerd dat de boef zelf actief toestemming moet geven tot face-ID (selfiecam) en locatieherkenning (gps). We hacken dus helemaal niemand. Maar de geldhonger van de oplichter wint het bijna altijd weer van de voorzichtigheid.

Ook deze boef was erin getrapt. Met één 'maar'. Hij gebruikte geen telefoon voor de communicatie, maar een pc. En vraag me nu niet naar allerlei technische details, maar de locatieherkenning van een pc is veel onnauwkeuriger dan die van een telefoon. We hadden bovendien maar één – redelijk donkere – foto van de webcam. Dat van die vage locatie ontdekten we overigens pas in Kameroen. Want daar was hij uitgepeild. In Bamenda. Een kilometer of zes van ons hotel, ruim buiten het veilige Upstation.

Inmiddels hadden we moeten vaststellen dat de boef ergens in een straal van zeker 200 meter rond een flatgebouw woonde. Een paar maal waren we er met en zonder politie heen gereden en hadden we staan posten. De boef in kwestie liet zich niet zien, of we herkenden hem niet tussen de honderden mensen die de hele dag in dat gebied over straat lopen.

Overigens vonden we het wel bijzonder dat de website van het weeshuis vermeldde dat het in Bamenda gevestigd was. De boef had dus over de stad niet gejokt. Wel over het weeshuis, want dat bestaat niet in deze stad, hadden we meteen al vastgesteld.

Goed, we moesten dus een weeshuis/adoptieoplichter traceren in een oorlogsgebied. Waarschijnlijk was hij de kleinste crimineel van de hele regio. Realistisch gezien was dit een onzinnige exercitie, want waarom zou je naar een zeer gevaarlijk gebied vol rebellen, moordenaars en ontvoerders reizen om daar een relatief kleine kruimeldief in de kraag te vatten?

Maar dát is nou precies ons werk. We laten zien welk verhaal er achter een oplichting zit; iets wat bij mijn weten verder niemand echt doet. Zeker de politie niet. Nederlandse gedupeerden van vooral internetoplichting blijven voor altijd in het ongewisse wie of wat er achter het verlies van hun geld zit. Hoe enerverender het verhaal, hoe spannender het avontuur, hoe onthullender de achtergronden, hoe liever het ons is.

Het klinkt bijna als iets uit een stripverhaal: *Suske en Wiske en de boef uit Bamenda*. Hij is lastiger te traceren dan we ons vanachter ons bureau in Amsterdam hadden gerealiseerd. Vandaar stappen we in allerijl over op plan B. Een uitermate vernuftig plan, al zeg ik het zelf. Het verhaal van Mohammed en de Berg.

De oplichter wachtte op dit moment nog op 500 euro van het Nederlandse stel voor advocatenkosten. Zo gaat dat met oplichters: als er een zeker bedrag is betaald, komen er geheid nieuwe kosten, net zolang tot het slachtoffer in de smiezen krijgt met een boef te maken te hebben.

Zo ook in dit geval. Hij wilde dus nog 500 euro. Ik had al even gegoogeld en gezien dat er in de stad Bamenda een DHL-kantoortje is. Als we de boef daar nou eens heen lokken met het verhaal dat die 500 euro cash met de pakketpost is verstuurd? Dan hoeven we alleen maar voor het DHL-kantoor in de stad te gaan staan en hem op te wachten. Briljant natuurlijk! En bovendien een beproefde methode, die we wel vaker ingezet hebben.

Zo gezegd, zo gedaan. Uiteraard achter geblindeerd glas rijden we die middag via het ene roadblock naar het andere roadblock naar het DHL-kantoor. Ik ben hier alleen met cameraman Joep, die ik al ruim vijfentwintig jaar ken en volledig vertrouw. Verder is er naast onze lokale chauffeur Bernard niemand. Wij tweetjes zijn de hele crew. Meer mensen in zo'n gevaarlijk gebied valt veel te veel op. Zolang niemand op straat ziet dat er twee westerlingen achter in een auto zitten, is er weinig aan de hand.

Het DHL-kantoor blijkt zich aan een hoofdweg op de tweede etage van een gebouwtje met meerdere bedrijfjes te bevinden. Vanaf de weg kun je zodoende niet naar binnen kijken. Een beetje huiverig zijn we wel als Bernard even in zijn eentje naar boven loopt om de situatie in het kantoor te verkennen.

Joep en ik kijken elkaar aan. Is dit slim, dat we hier zo alleen zitten? Bernard laat de motor draaien, omdat de airco anders stopt (het is hier elke dag van het jaar klam en 30 graden) en ik bedenk dat ik in geval van nood vanaf de achterbank achter het stuur kan kruipen om weg te rijden.

Na een minuut of tien is Bernard terug. Hij brengt rapport uit: het kantoor beslaat een kleine ruimte met een balie, een paar stoelen voor wachtende klanten, een koelkast met frisdrank en een kopieermachine die tegen betaling door klanten gebruikt kan worden. Achter de balie staat een medewerker. Verder zijn er geen mensen binnen.

We wagen het erop. Ik geef IT-specialist Danny een seintje dat hij het bericht naar de oplichter kan sturen, met de melding dat het geld inmiddels is gearriveerd in Bamenda in het kantoortje met dit adres. Op Google Maps kunnen we zien dat het twintig minuten rijden is van de omgeving van de woning van de oplichter naar hier.

Maar hij is nog niet onderweg, want binnen een paar minuten reageert de oplichter op de mail. Woedend. De zogenaamde weeshuisdirecteur vraagt of het slachtoffer in Nederland wel bij zinnen is. Het geld is telkens overgemaakt naar een rekeningnummer in Duitsland (zeer waarschijnlijk een katvanger) en waarom nu opeens dit? Bovendien is het oorlogsgebied, betoogt hij. Veel te riskant om zomaar over straat naar het DHL-kantoor te gaan.

Op onze instructies biedt Danny uit naam van het slachtoffer excuses aan, met de belofte de volgende betaling weer via de oude manier te doen. Maar dit laat onverlet dat de oplichter nu thuis duimen zit te draaien in de wetenschap dat er 500 euro in een envelop hier op het DHL-kantoortje voor hem klaarligt. Hij zat toch wel komen opdagen, redeneren wij.

Hier is 500 euro twee maandsalarissen. Met de foto van zijn gezicht op onze telefoons turen Joep, Bernard en ik naar buiten. Binnen twintig minuten kan hij hier zijn. Uit die eerste reactie blijkt dat hij argwanend is. En dan ga je toch weer – al wachtend – zitten piekeren met zijn drieën. Wat nou als hij het DHL-kantoortje vanuit huis belt om de zending te verifiëren? Altijd maar weer die dilemma's! Vreselijk. Plan B1 dan maar.

Bernard gaat weer naar boven om de eigenaar te vragen of hij wil liegen als de oplichter belt. Hij moet maar een goed verhaal verzinnen. We hebben met die beheerder van dit kantoortje natuurlijk geen idee wat voor vlees we in de kuip hebben, zeker in dit oorlogsgebied.

En zo zitten Joep en ik weer alleen achter in de auto met draaiende motor. Bernard blijft lang weg deze keer. Sterker nog: hij is al bijna twintig minuten binnen, en dat is het moment dat onze boef hier kan arriveren om via een trap aan de zijkant van het pand naar de eerste verdieping te lopen, en in het DHL-kantoortje buiten ons zicht zal vragen naar zijn pakketje uit Nederland.

En dan... Precies als de twintig minuten verstreken zijn, zie ik plotseling Bernard naar beneden komen. Hij is niet alleen. Hij is met een andere man, maar niet onze boef. Wat gaat hij doen? Uitgerekend op dit moment? Zonder ons een blik waardig te gunnen, wandelt hij gezellig babbelend met de man voor onze auto langs. Ze verdwijnen in de drukte. Joep en ik hebben het gevoel dat we gek worden. What the fuck!

Ik bel Bernard. Hij neemt niet op. Precies op dit 'uur U' presteert hij het om weg te lopen! Weer bellen. Weer niet opnemen. Intussen kijken we koortsachtig naar de plek waar de trap naar boven is. Er lopen tientallen Afrikanen in en uit. Zullen we hem herkennen? En als we hem zien... wat dan? We kunnen de auto niet uit. Ben je dus met gevaar voor eigen leven een kostbare operatie midden in Afrika aan het uitvoeren, gebeurt er op het moment suprême zoiets waanzinnigs.

Na zeker vijftien belpogingen neemt Bernard op. Woest vraag ik hem wat hem bezielt en of hij meteen wil terugkomen. Vrij nonchalant antwoordt hij dat hij met de beheerder van het kantoor (dat nu dus onbeheerd is) naar een tweede DHL-kantoor aan het lopen is. Er zijn er namelijk twee in de stad, bleek nu. Dit kantoor is om pakketjes af te geven en het andere kantoor om pakketjes op te halen. En daar lopen ze nu heen.

Het wordt zwart voor mijn ogen. Ik haal diep adem en leg Bernard uit dat dit totaal irrelevant is. Wij hebben de oplichter namelijk gemeld dat het adres van dít kantoor de locatie is waar het geld ligt. Dat hij dus naar dít adres zal komen. Dat Bernard en de beheerder nu als de sodemieter moeten terugkomen. Op zo'n moment vergeet je dat je kwetsbaar achter in een auto in een oorlogsgebied zit. Pure woede en frustratie verdringen alles. Zou onze oplichter al langs zijn geweest?

Bernard en de beheerder lopen weer voor onze auto langs, terug naar het kantoortje op de eerste verdieping. Bernard gaat ook nu mee naar boven. Hij belt ons. 'Ik blijf even hier en overleg met de beheerder.' Ja, ja, laat ons maar lekker hier zitten. Gelukkig zijn we nog niet gespot.

Een soldaat met een kalasjnikov die op 10 meter naast de auto de hele tijd heeft staan posten, wordt vervangen. Dat heeft Bernard ons vanmorgen uitgelegd. Militairen wisselen elk uur van post om te voorkomen dat ze contacten met omwonenden opbouwen en zo misschien chantabel kunnen worden.

Er verstrijken drie kwartier zonder dat er iets gebeurt.

Het gekke is dat je tijdens dit soort observaties eigenlijk niet de hele tijd op je hoede kunt blijven. Ik herinner me nog goed dat we met Peter R. de Vries in een geblindeerde bus op een parkeerterrein in Utrecht stonden te wachten op een in Suriname ontsnapte moordenaar die daar in een kantoor werkte. We wilden hem confronteren en het leek ons het beste om hem daar aan te spreken als hij naar zijn auto zou lopen. Het eerste halfuur zaten we uiterst geconcentreerd en muisstil alles en iedereen in de gaten te houden. Zelfs het busje heel licht laten wiebelen leidde al tot grote ergernis. Maar na twee uur was de aandacht al zodanig verslapt dat Peter zonder veel misbaar van de rest de bus uit stapte om even verderop in de struiken een plas te doen. Dat laatste kunnen Joep en ik hier niet doen. De auto verlaten is een no-go.

Bernard belt weer. Hij klinkt zeer opgewonden. 'Kom nú naar boven. De oplichter heeft een vrouwelijke handlanger gestuurd. Ze is hier.'

Opeens is alles anders. Je moet op zo'n moment heel erg snel een afweging maken en beslissen. De boef is dus blijkbaar zo bang dat hij iemand anders heeft gestuurd. Een zeer slimme zet, natuurlijk. Als we nu naar boven gaan, dan zal de oplichter vernemen dat het een val is en blijft hij buiten schot. Bovendien: nu uit de auto stappen? En 'out in the open' naar boven gaan? Aan de andere kant: ons vliegtuig vertrekt morgenavond vanuit Yaoundé, de hoofdstad. Dat is minstens vijf uur rijden. Vandaag is de laatste dag dat we iets kunnen doen.

In een split second besluit ik. 'Joep, kom mee!' roep ik. Ik start mijn verborgen camera, gris een gewone consumentenfilmcamera (ook wel DV-camera) van de achterbank, leun voorover over de bestuurdersstoel en trek de autosleutel uit het contact. Dan zwaai ik het achterportier open en sta plotseling buiten. Joep volgt.

Verbaasde gezichten alom. Ook de zojuist ververste militair met zijn kalasjnikov kijkt verwonderd. Niemand doet iets. Natuurlijk niet; verrassing en verwarring maken niet plotseling plaats voor een ontvoering. Zo werkt dat niet. We hollen tussen de verwonderde blikken naar de trap, naar boven, via een hal naar het DHL-kantoor, dat er inderdaad precies zo uitziet als Bernard had omschreven.

Er staat een Afrikaanse vrouw van midden dertig aan de balie. Ze wordt door Bernard en de eigenaar aan de praat gehouden. Ik ga er maar meteen met gestrekt been in. 'Zo mevrouw, wat komt u hier doen?' De dame draait zich om en kijkt of ze water ziet branden. Opeens twee witte Europeanen die haar boos aanspreken. Dat verwacht je hier niet.

'Een pakketje ophalen,' stamelt ze, terwijl ze steun zoekt bij de balie.

'Ja, ja, dat weten we. Waarvandaan?' reageer ik.

De beheerder – uiteraard iets minder verbaasd, omdat hij door Bernard blijkbaar goed is ingefluisterd – is haar voor: 'Ze komt een pakketje uit Nederland ophalen.'

Ik richt me weer tot haar: 'Zo, zo. Een pakketje uit Nederland. U bent er gloeiend bij. U werkt voor een oplichter die mensen in Nederland beduvelt met nep-adopties. En nu komt u de buit ophalen.'

De vrouw – die toch al in de war was – kijkt me nu aan alsof ze spontaan kortsluiting in haar hoofd krijgt. 'Nee, ik kom een laptop ophalen van een vriend uit Middelburg,' stamelt ze. Na deze woorden lijkt ze zich te herpakken en maakt de complete verwarring in haar blik plaats voor boosheid.

Mijn hersenen maken nog geen omslag. 'Natuurlijk, mevrouw. Wat een stomme smoes. Wat denkt u nou zelf? U bent erbij! Waar is uw opdrachtgever? Die lafbek! U moet het nu zeggen!' Ik sta klaar om de telefoon uit haar hand te rukken als ze nu zelf opeens iemand lijkt te gaan bellen.

Maar dat doet ze toch niet. Ze heeft zich volledig herwonnen en reageert ziedend. 'Wie denkt u wel dat u bent? Ik ga een advocaat inschakelen en ik eis een schadevergoeding. Dit tolereer ik niet.'

Langzaam daalt de twijfel in bij mij. Ik wend me tot de verbaasde beheerder van het kantoortje. Hij heeft het allemaal tamelijk verbijsterd aangehoord en niets gezegd. Dit heeft hij natuurlijk nooit eerder meegemaakt. Überhaupt een westerling in zijn etablissement, en dan ook nog eens eentje die onaangekondigd met een maat komt binnenstormen en de eerste de beste klant begint uit te foeteren. Daarop had Bernard hem allemaal niet voorbereid.

Zijn van verbazing opengesperde mond gaat langzaam dicht als ik hem vraag naar 'dat zogenaamde pakketje uit Middelburg'. Hij pakt een papier van de desk dat er door de vrouw is neergelegd toen ze binnenkwam. Hij kijkt, en kijkt nog eens goed. Richt zijn blik op de boze klant en begint zich te verontschuldigen. 'Het spijt me mevrouw. Ik zie dat u inderdaad gelijk hebt. Er is een pakketje voor u uit Nederland gearriveerd. Maar dit is het verkeerde kantoortje. U moet verderop zijn.'

Dit kan natuurlijk niet waar zijn!

Hoeveel mensen in Bamenda zullen precies op dit moment dat wij een oplichter uit de tent aan het lokken zijn met een verzonnen pakketje uit Nederland óók naar het verkeerde DHL-kantoortje gaan om daar een pakketje uit Nederland op te halen? Elke kansberekening is hier volstrekt zinloos. Maar het is toch gewoon de waarheid. De dame heeft inmiddels een kennis gebeld die buiten stond te wachten. Hij komt woedend binnengelopen. Ze overleggen en besluiten dat er een schadevergoeding moet komen. Ze kennen een advocaat in de stad en die zal ervoor zorgen dat we ervan zullen lusten.

Dit is natuurlijk het allerlaatste wat je wilt op dit moment en op deze plek. Weer moeten we razendsnel schakelen. Als hier gedoe van komt, kunnen we de hele operatie vergeten. Bovendien weten nu twee boze Bamendezen dat wij hier zijn. Wie weet hebben ze relaties met de rebellen!

Ik haal diep adem, zet de noodknop in mijn hoofd om en start een gênant, maar zeer terecht charmeoffensief. Dat ik ook maar een mens ben, dat ik me schromelijk heb vergist, dat dit nooit had mogen gebeuren, enzovoort. En duizendmaal excuses, dat ook. Langzaam ontdooien de twee. Ze druipen nog wat na-mopperend af. Geen advocaat! Pfff.

Maar wat zullen ze thuis vertellen? Onze aanwezigheid kan nu als een lopend vuurtje door de stad gaan, met alle gevolgen van dien. Dus daar staan we dan, met zijn vieren in het kantoortje van DHL op de eerste verdieping. We zijn ontmaskerd, de boef is er niet en morgenochtend om tien uur moeten we deze stad verlaten.

Het volgende bedrijf van dit surrealistische toneelstuk is mogelijk nog vreemder en onverwachter dan het vorige.

De eigenaar toont zich nu een extreem pragmaticus. In plaats van ons woedend zijn tent uit te bonjouren en de autoriteiten in te schakelen, besluit hij handig gebruik te maken van onze aanwezigheid. 'Ik moet mijn auto nog laten repareren. Dat kan ik nu mooi even gaan doen. Passen jullie even op de zaak? Pak maar wat uit de koelkast. Hier.' Hij geeft me de sleutels van zijn kantoor en beent de deur uit. Weg is-ie. We kijken elkaar vol ongeloof aan.

Onze chauffeur Bernard lijkt nauwelijks van zijn stuk. Hij gaat vrij stoïcijns achter de balie zitten, alsof hij de beheerder zelf is. Joep en ik nemen plaats op de klapstoeltjes in het kantoor. We barsten in lachen uit. What the fuck!

De boef kan natuurlijk nu gewoon binnenkomen, en dit tamelijk verdachte tafereel zien. Naar de auto gaan en daar weer gaan wachten en posten is echter ook niet echt zinvol. Ten eerste weten veel mensen buiten waarschijnlijk dat we er zijn, en zien ons dan in een auto plaatsnemen die niet vertrekt. Bovendien willen we de beheerder aan onze kant houden. Hij kon nog weleens van pas komen. We kunnen hem bijvoorbeeld vragen om de boef te bellen met de mededeling dat zijn pakketje klaarligt.

Intussen melden zich de eerste verbaasde klanten van het kantoortje. Joep en ik maken er maar het beste van. Sterker nog: we worden na een poosje zo melig dat we elke klant als koning behandelen. We stellen ons voor als de nieuwe uitbaters en verwelkomen iedereen voor deze speciale gelegenheid met een koel drankje uit de koelkast. De af te leveren pakketjes nemen we uiteraard ook keurig in ontvangst. En als ze een kopietje willen, is dat ook geen enkel probleem voor de nieuwe entrepreneurs Joep en Kees.

Onze joligheid duurt niet oneindig, want dit is natuurlijk uitermate onhandig tijdens een undercoveroperatie in gevaarlijk gebied. En waar blijft die eigenaar?

Het zal uiteindelijk VIJF uren duren eer hij terugkeert. Zonder blikken of blozen. Om de zaak te sluiten, komt hij aan het einde van de middag aan sjokken. Het is inmiddels al sluitingstijd geweest. Onze hele middag naar de filistijnen. Wat kunnen we doen? Morgen gaat het kantoor om acht uur weer open.

Maar we hebben zojuist natuurlijk wel vijf lange uren met verve zijn toko beheerd, dus een kleine tegenprestatie durf ik nu wel te vragen. En hij stemt vrij emotieloos in. Rare man, maar wel onze laatste redding.

Hij belt de boef, stelt zich voor als de eigenaar van het DHL-kantoortje en zegt dat er een pakketje met zijn naam en telefoonnummer erop geschreven voor hem klaarligt. Als het morgen voor halftien in de ochtend niet wordt opgehaald zal hij het ongeopend weggooien.

De oplichter kan nu niets anders dan het pakketje ophalen. Want 500 euro laten weggooien is natuurlijk geen optie voor hem. De volgende ochtend zitten we weer braaf in de auto met draaiende motor en airco en wacht Bernard boven, samen met de beheerder – die er inmiddels de lol van inziet.

Het is stipt halftien als Bernard opgetogen belt. 'Hij is er!' Zonder een spoortje van angst wegens het feit dat we in oorlogsgebied zitten, stappen Joep en ik uit de auto en hollen naar boven. Daar staat hij te babbelen met de eigenaar: de man van de foto. De man die zich voordoet als beheerder van een weeshuis. De oplichter op wie we jagen. Bernard belt de politie en ik confronteer hem.

Hij is een atypische oplichter, best een aandoenlijk kereltje. Hij ontkent in eerste instantie, maar al snel geeft hij toe. Op dat moment komen er twee politiemannen geflankeerd door twee militairen met kalasjnikovs de zaak in lopen. De boef moet zijn zakken legen en zijn telefoon afgeven. Hij is in het bezit van een stuk of tien valse identiteiten. Hij wordt gearresteerd en afgevoerd. Het verhaal van de adoptieoplichter is rond. Uitzending gered.

Later, als we al zeker een week in Nederland zijn, wacht ons nog een verrassing. De politie heeft een brief aan Bernard geschreven. Of de oplichter mag worden vrijgelaten en of wij als benadeelde partij daar ons akkoord voor willen geven.

Je moet weten: ik reis nooit officieel als journalist met een werkvisum naar zo'n land. Ik meld gewoon als dat nodig is bij de politie dat een familielid van mij is opgelicht en dat ik met technisch vernuft heb uitgevist wie de dader is.

Het blijkt dat het zoontje van deze boef kanker heeft en dat hij zich buiten medeweten van zijn vrouw op het oplichterspad had begeven. Uit nood, om de chemotherapie te kunnen bekostigen.

Je zult begrijpen: de man is op vrije voeten.

2

De geheim agent en de roze penis

Kiev, oktober 2018

Het is drieënhalf jaar vóór de Russische invasie in Oekraïne. Ik moet me als ouwe zak steeds inhouden om niet ‘de Oekraïne’ te zeggen. In mijn jeugd was het land immers een onderdeel van de Sovjet-Unie en als zodanig net zoiets als ‘de Peel’. Nu ik erbij stilsta, is dit een van de vreemde, onuitlegbare kronkels in de Nederlandse taal. Waarom zeg je ‘Twente’ en niet ‘de Twente’, maar wel ‘de Noordoostpolder’ en ‘de Provence’ maar weer niet ‘de Siberië’? Afijn: Oekraïne was gewoon al meer dan vijfentwintig jaar een soeverein land voordat agressor Poetin besloot daar in februari 2022 bruut een einde aan te maken.

We hadden wel de Maydan-opstanden uit 2014 in ons achterhoofd, trouwens. Dat was nadat de Russen in dat jaar de Krim annexeerden, waarop grote demonstraties volgden tegen een door de Russen geïnstalleerde marionettenregering. Een stoer en trots volk, die Oekraïners.

Maar onze reserves omtrent veiligheid verdwenen bij aankomst in Kiev als sneeuw voor de zon; een fijne, mooie, vredige stad. In ons hotel werden we bediend door een sympathieke ex-voetballer van Anderlecht die Frans en een beetje Vlaams sprak. Hij gaf ons wat tips en tricks voor de stad, waar wij wilden onderzoeken hoe je als toerist kon worden beduveld. Dat is immers ons werk.

Kiev is een verrassend leuke, gezellige en bruisende stad met veel mooie gebouwen en bijzonder hippe restaurants en bars. De ex-voetballer legde onder meer uit waarom er in de vele ramptoeristische tripjes naar Tsjernobyl ook oplichting schuilging, waarop we een tamelijk onthullende en onthutsende trip naar de in 1986 geëxplodeerde kernreactor maakten.

We hadden de mazzel dat we een uiterst eerlijke gids meekregen die bevestigde wat de hotelbediende ons had toegefluisterd.

De chaos van inderhaast achtergelaten gasmaskers, kapot meubilair en gesneuvelde ramen had allemaal niets te maken met een vluchtende massa omwonenden en medewerkers in 1986. De meeste faciliteiten rondom de centrale waren tot diep in de jaren negentig gewoon in gebruik gebleven, omdat de kerncentrales in de directe omgeving nog intact waren. De gids legde uit dat – nadat onder druk van de EU de boel alsnog werd gesloten – plunderaars er de puinhoop van hadden gemaakt die toeristen tegenwoordig aantreffen, opgeleukt door fotografen die als finishing touch her en der wat gasmaskers en speelgoed op vloeren, bedden en tafels hadden geplaatst. Het is allemaal te zien in onze reportage. Maar daar gaat het nu even niet om.

Een paar maanden voor onze reis had ik een zeer opmerkelijk verhaal gehoord over de ramp met de MH17. Geen complot, maar een bijzonder aannemelijk en zelfs vrij logisch verhaal uit tamelijk onverdachte bron: via via vanuit het ministerie van Buitenlandse Zaken in Den Haag.

Op 17 juli 2014 werd boven het dorpje Hrabove in het oosten van Oekraïne een Boeing 777 van Malaysia Airlines, onderweg van Amsterdam naar Kuala Lumpur, door een Russische BUK-raket in volle vlucht uit de lucht geschoten. Alle 298 inzittenden kwamen om.

Het gerucht nu was dat de Nederlandse overheid rond de 80 miljoen euro 'losgeld' heeft betaald aan de Russen die dat gebied controleerden om de lichamen naar Nederland gerepatrieerd te krijgen. Maar ja, wat moet je met zo'n gerucht. Helemaal niks natuurlijk, als niemand het kan bevestigen.

Tot nu misschien, want ik hoorde ter plekke toevallig dat er in Kiev een overgelopen geheim agent van de Russische inlichtingendienst woonde. Sterker nog: hij zou er een Koreaans restaurantje in het centrum runnen. Je verwacht het niet. Zo open en bloot. En dan niet worden geliquideerd door Poetins lange arm. Hij zou zelfs aan een boek met zijn memoires werken.

Raar verhaal, maar nu we hier toch waren, besloten we erheen te gaan. Het restaurant was een grappig tentje met veel kleur en erg stoute cocktailglazen in de vorm van roze penissen voor ondeugende klanten. We bestelden een biertje (en collega Kim voor de lollige foto's uiteraard het piemelglas) en ik vroeg naar de eigenaar. Hij bleek een gezette, vrij jonge kerel met een dikke nek, die zeer beroerd Engels sprak. Gelukkig was er een vriendelijke Oekraïense dame in de zaak die ons eerder in goed Engels had aangesproken en zich bereidwillig toonde om even te tolken.

Daar zit je dan: in een Koreaans restaurant in Kiev, je collega lurkend aan een drankje in een penis, tegenover de overgelopen Russische tegenspeler van James Bond en een lokale schone die je wil helpen een mogelijke scoop van jewelste te verzilveren. Onze verborgen camera's liepen en ik stak vrij ongedwongen van wal. 'Kun je aan hem vragen of ik iets over zijn verleden bij de Russen mag voorleggen?'

De dame vertaalde en de ex-agent bevestigde met een neutrale korte knik. 'Ik ben Nederlands journalist bij een krant,' loog ik, zodat hij de volgende vraag zou begrijpen, maar geen argwaan zou krijgen vanwege de twee tassen die Kim met de piemel en ik vrij nadrukkelijk op hem hadden gericht, omdat daar dus de verborgen camera's in gemonteerd waren. 'Het gaat om de ramp met de MH17.'

De man blikte of bloosde amper en vertelde me via de tolk dat hij destijds in de Kaukasus werkzaam was en niet in de regio Donetsk, waar de ramp zich voltrok. 'Waarover gaat het precies?' wilde de collega van Xenia Onatopp uit *GoldenEye* weten.

Ik legde het gerucht van het losgeld dat voor de lijken zou zijn betaald aan hem voor. Hij knikte weer, alsof het een logisch verhaal betrof. 'Zoals gezegd was ik daar niet werkzaam destijds, maar ik kan wel iets voor je proberen,' ging hij verder, terwijl hij zijn telefoon erbij pakte. Toen gebeurde er iets onwaarschijnlijks waar ik nog vaak aan denk. 'Ik ken wel een paar oude maten van destijds. Agenten die daar nu werkzaam zijn. Ik app ze wel even met je vraag.'

Mijn mond viel open en Kim liet bijna haar piemel vallen. Dus een overgelopen geheim agent die nog vrolijk appt met zijn gabbers aan de andere kant?

Na een minuut of twee kwam er antwoord. Hij las het in zichzelf, en zijn tot dan toe steeds uitdrukkingloze gezicht begon te grijnzen. Hij draaide het antwoord in cyrillisch schrift naar me toe met een schaterlach. De tolk – nu toch ook enigszins van haar stuk – las voor: 'Wat een onzin, daar hebben wij niks mee te maken.' De ex-agent lachte zijn tanden bloot. 'Ze liegen dat ze barsten natuurlijk, maar dit is uiteraard hun standaard antwoord.'

Dit klinkt als een ongelooflijk relaas, maar het is echt zo gebeurd. Wij dronken ons drankje op – Kim via de glazen eikel – gaven de man een hand en gingen verder met waar we voor gekomen waren: onderzoek naar toeristenoplichting in Kiev, dat tegenwoordig trouwens opeens vaak in de media als 'Kyiv' wordt geschreven. Alsof Parijs na een inval door de Spanjaarden als blijk van steun in de krant voortaan als 'Paris' wordt aangeduid.

3

Wat doet John Williams nou?

New York, maart 2017

'*When we touched the ground at* JFK.' Deze zin uit het nummer 'Angel of Harlem' van U2 zing ik onbewust als de wielen van ons vliegtuig de landingsbaan aantikken. Het is dan wel geen JFK waar we arriveren, maar Newark, een van de twee andere vliegvelden van New York.

Met collega Kim en cameraman Marco zijn we weer helemaal klaar voor een nieuw avontuur: de toeristenvallen van The Big Apple onderzoeken en ondergaan. Als argeloze toerist met een volle portemonnee, natuurlijk.

Om dat allemaal te kunnen vastleggen, hebben wij uiteraard DV-camera's, zenders, verborgen camera's en soms een drone bij ons. En daar gaat het nu even om, want het is niet altijd een vanzelfsprekendheid dat je met al die spullen overal zomaar een vreemd land in komt. In Europa is het eigenlijk nergens een probleem. Er is amper controle, en als ze een camera zien in Parijs, Barcelona, Boedapest of Praag wordt de douane daar niet warm of koud van. Hoe anders is dat in veel landen buiten Europa.

Vaak is het dan toch een beetje peentjes zweten, uit angst voor lastige vragen. We werken eigenlijk nooit met vergunningen, zogenoemde filmpermits. Dat is ook vaak niet nodig. Maar in een aantal landen, waar men niet van nieuwsgierige pers houdt, waar men bang is dat je de reputatie van een land schaadt, of waar überhaupt de persvrijheid in het gedrang is, kom je niet zonder meer binnen met je apparatuur. Dan moet je dus officieel een filmvergunning aanvragen.

Groot nadeel is dat je dan vooraf tot in detail moet uitleggen wat je precies komt doen. En onze missies zijn nou niet bepaald de projecten waar men in den vreemde makkelijk toestemming voor geeft. Als je dan toch zo'n vergunning krijgt, gaat er in veel gevallen een ambtenaar van de lokale overheid mee om al je handelingen in de gaten te houden. Geen doen voor ons natuurlijk, dat behoeft geen uitleg.

De VS, waar we nu dus arriveren, is zo'n land dat moeilijk kan doen. Vaak is er ook nog de verplichting om lokale crew in te huren. Dus dan kun je niet met je eigen, vertrouwde cameraman werken. En juist dát is cruciaal bij mijn tv-programma's. Je moet heel erg goed op elkaar zijn ingespeeld om dit werk goed en zo veilig mogelijk te kunnen doen.

Afijn, dan maar geen vergunning aanvragen dus en als argeloze toerist het betreffende land in reizen. En dat gaat eigenlijk altijd goed. De verborgen cameratassen, de GoPro, de drone, de 5D-camera (een fototoestel dat kan filmen), de vier DV-camera's en de vier audiorecorders zitten samen met een kluwen oplaadsnoeren en adapters verdeeld over de koffers van

Kim, de cameraman en mij. In de handbagage zitten een onschuldige laptop en een paar accu's.

We spreken bij het verlaten van het vliegtuig nog even de strategie door als de douane onverhoopt lastige vragen stelt of als we bij het verlaten van het vliegveld de koffers moeten openmaken. Onze tactiek is eigenlijk altijd hetzelfde: zeggen dat we toerist zijn, en als ze dan doorvragen, zo dicht mogelijk bij de waarheid blijven. Ja, we zijn weliswaar een tv-crew die hier als toerist wenst binnen te komen. Ja, we gaan ook wat filmen, maar het betreft een zogenoemde voorreis.

Een voorreis is iets wat veel programmamakers van buitenlandreportages doen. Er gaan dan wat mensen van het programma naar de locatie om te kijken of er voldoende content te halen is. Wij doen zoiets nooit, omdat we uit principe niets voorproduceren. Dat is risicovol (want er kan natuurlijk ook een keer niks gebeuren), maar het levert wel veel 'echtere' tv op.

Zo keuvelend lopen we naar *Immigration*, een grote hal met lange rijen waar iedereen langs de douane moet. Zeker in de VS hebben deze douaniers de neiging om een babbeltje met je aan te knopen terwijl ze door je paspoort bladeren, alvorens een stempel te zetten waarmee je het land in mag. Zo'n babbeltje is bedoeld om zo terloops mogelijk te ontdekken of je niks geks van plan bent. Bijvoorbeeld stiekem als journalist met verborgen camera's het land in te reizen.

Op vliegveld Newark is dat niet anders. Zeker vijfhonderd mensen wachten gedwee in lange rijen die zigzag door de hal gaan op hun beurt. Aan het einde van de rij staat een beambte die telkens de eerstvolgende reiziger naar een van de ongeveer vijftien hokjes dirigeert waar een douanier achter een desk zit te wachten. Tergend langzaam gaat het, en na zeker drie kwartier voetje voor voetje voortschuifelen komt onze beurt in zicht.

Nog één keer repeteer ik met Marco en Kim ons riedeltje: 'We zijn toerist, en als ze lastig doen, maken we een voorreis, reden ook dat we alleen consumentencamera's bij ons hebben.'

Ik herhaal nog een paar keer 'toerist-voorreis-toerist-voorreis' als ik opeens iemand voor me druk naar de menigte in de hal zie zwaaien. Hij wordt net naar een douanehokje gedirigeerd. Hij zwaait niet zomaar in het rond, hij zwaait naar mij. Een toerist die me herkent? Ik kijk nog eens goed: het is John Williams. 'John Williams?' hoor ik mezelf half hardop zeggen.

Ik had hem nog nooit persoonlijk ontmoet, maar het is een dingetje dat BN'ers elkaar groeten. Net zoiets als motorrijders of vrachtwagenchauffeurs of roodharigen, naar het schijnt. Een beetje lotgenoten, zeker buiten Nederland. Maar goed, enthousiast zwaaiend dus wordt de presentator naar zijn hokje gestuurd. Ik zwaai vrolijk terug. 'Grappig, John Williams ook hier op Newark in de rij,' zeg ik nog tegen mijn collega's.

Dan is er opeens reden tot zorg. Grote zorg. Onze blikken volgen John als hij met de douanier begint te praten. Kennelijk vraagt de beambte naar wie hij zo vrolijk aan het zwaaien was. En we zien vervolgens dat de goedgemutste coryfee opgewekt en druk gebarend begint te vertellen. 'Nee! Wat doet hij nu?' roepen we in koor. Het is overduidelijk dat hij breeduit staat te vertellen wie ik ben en wat voor tv-programma's ik maak. Over oplichters vangen in het buitenland, over stiekem filmen op gevaarlijke plekken, over sensationele ontmaskeringen, over bedreigingen, noem maar op. Het komt allemaal langs, zo meen ik op te maken uit zijn mimiek.

Langzaam schrompelen we ineen. Een ramp dreigt. Binnen enkele seconden zal de douanier een algemeen alarm onder zijn collega's in de andere hokjes doen uitgaan. Die meneer Van der Spek en zijn twee handlangers moeten subiet aangehouden worden en per kerende vlucht terug naar Amsterdam gestuurd! En dat allemaal dankzij die loslippige John Williams!

John krijgt een stempel en mag door. Hij wel natuurlijk, met zijn praatjes! Nog één keer een blije lach en een hartelijke zwaai, en daar verdwijnt hij naar de lopende band waar de koffers zo arriveren.

Ik hoef niet te hopen dat ik er voortijdig bij een andere douanier doorheen kan glippen. De man die net John-fokking-Williams zo slim uithoorde, kijkt neutraal mijn kant op en gebaart de beambte die de reizigers doorverwijst bij zich. Er wordt in mijn richting gewezen en ik moet me melden. Nu zul je het krijgen. Dit was het dan. We kunnen terug naar huis, als we mazzel hebben. Een nachtje in de cel wegens illegaal het land proberen binnen te komen, houd ik ook nog in optie.

Terwijl ik bedremmeld nader, breekt opeens het gezicht van de douanemedewerker die me wenkte open. Hij steekt vrolijk van wal: 'Zo, u bent dus een bekende tv-presentator uit Nederland. Vertel eens: u maakt een verborgencameraprogramma over oplichting van toeristen, hoor ik net van de man voor u. Dat is toch hartstikke gevaarlijk! Bent u nooit bang?'

In een flits besef ik dat er iets anders aan de hand is. Deze ambtenaar in functie is oprecht geïnteresseerd en ik als presentator kan natuurlijk ook gewoon op vakantie zijn. Heel vlug zet ik een knopje om in mijn hoofd en begin honderduit te vertellen over onze reizen, over een gijzeling in Shanghai, over een bedreiging in Istanbul en over corrupte politie in Mexico. De douanier smult zichtbaar van de verhalen. Sterker nog: een collega komt erbij en luistert geamuseerd mee.

Na zeker tien minuten meldt zich een chef, die beide heren streng tot de orde roept. 'Het is druk, mannen! Doorwerken! Geen tijd voor gezellige praatjes hier!' Met een knipoog van verstandhouding en een welgemeende verontschuldiging voor het oponthoud zet hij het entreestempel in mijn paspoort en wenst me een fijn verblijf in New York.

Een paar maanden later verhuis ik van SBS6 naar RTL en ontmoet ik John voor het eerst echt. We hebben er zeer smakelijk om gelachen.

4

Gered door de geheime dienst

Libanon, mei 2012

In ons busje heerst een gezellig sfeertje. De chauffeur is een opgewekte Hezbollah-aanhanger en onze lokale gids een overtuigd lid van de christelijke partij. Ze discussiëren honderduit over de politieke situatie in het land. We rijden van Beiroet naar de noordelijke stad Tripoli in Libanon.

Ik ben hier met Peter R. de Vries en een moeder en zus van een jonge vrouw die twintig jaar eerder in Nederland werd vermoord. De dader – haar toenmalige vriend – wist te ontkomen en nu hadden we hem getraceerd in Libanon. Het is voorjaar 2012, de laatste reis voor de allerlaatste uitzending van Peters tv-programma.

Een dag eerder ben ik als in Israël geboren journalist noodgedwongen op vrij slinkse wijze dit land binnengekomen. Bij 'geboorteplaats' staat in mijn paspoort 'Nazareth'. Hoewel de toevoeging 'Israël' ontbreekt, gingen we ervan uit dat de geografische kennis van buurland en aartsvijand nummer één bij de Libanese douane voldoende zou zijn en dat het bijbehorende land genoegzaam bekend is. Om geen gedonder te krijgen, wachtte daarom de Nederlandse ambassadeur ons op het vliegveld op. We kwamen binnen als zijn gasten en dat zorgde zoals voorzien voor een zeer korte, oppervlakkige blik in mijn paspoort.

En nu zijn we dus onderweg in een busje. Leuk om te vermelden: Daisy Mohr, de inmiddels steeds bekender geworden correspondent voor het Midden-Oosten van het NOS Journaal, was ook van de partij. Een leuk mens met goede humor.

Maar goed, de chauffeur en onze gids dus. Ze praten en praten. En dat doen ze uit beleefdheid in het Engels, opdat wij het ook verstaan. Het gesprek is bij vlagen fanatiek, maar soms ook mooi en zelfs emotioneel. Het gaat over de tegenstellingen tussen de christenen en de moslims in dit getroebleerde land. 'Waarom doen we zo moeilijk?' vraagt de Hezbollah-chauffeur zich op het einde bijna wanhopig hardop af. De christelijke gids knikt instemmend. 'Ja, waarom? We vormen één land, we zijn één volk, we moeten het samen rooien.'

Ik merk dat ik het een steeds mooier gesprek vind worden en onbewust knik ik instemmend. Saamhorigheid tussen vrij fundamenteel verschillend denkenden is mooi. Ik krijg nog net geen vochtige ogen.

Dan hoor ik de chauffeur plechtig samenvatten: 'Ja, één volk. We moeten onze verschillen opzijzetten en ons samen als broeders richten op ons gemeenschappelijke doel: Israël vernietigen en de Joden verdrijven.' De gids wendt zijn hoofd af en staart uit het raam naar het voorbijglijdende landschap. 'Ja, zo is het,' antwoordt hij licht geëmotioneerd.

Peter en ik kijken elkaar aan, totaal ontnuchterd door deze slotzin. Boos ook, en in verwarring. Het is een vrij schizofreen gevoel. Van een gezellig ritje door een onbekend land met vriendelijke locals zit je opeens tussen twee extremisten die de uitroeiing van een volk bekokstoven. Moet ik nu mijn punt maken? Moet ik zeggen waar ik geboren ben, en dat ik me daar helemaal niet voor schaam? Dat ik heus geen Likoed-fan ben, maar dat dit natuurlijk alle perken te buiten gaat? Maar als ik dat doe, breng ik onszelf én de moeder en de zus in groot gevaar. Ik bijt op mijn lip. Peter ook. Welkom in Libanon. We rijden verder en zeggen weinig.

De chauffeur en de gids hebben het allemaal niet door. Ze zijn alweer verwikkeld in een volgend bizar gesprek. Het gaat nog steeds over Israël, maar het zojuist verbroederde duo zoomt nu in op de laatste oorlog met dat land in 2006.

De hoofdstad Beiroet is een in tweeën gespleten stad met aan één kant de Hezbollah-wijk en aan de andere kant de christelijke wijk. De Hezbollah-wijk vertoont diepe wonden van gevechten en bombardementen. De christelijke wijk is ongeschonden. Een hoofdweg scheidt de twee werelden, scherp als een liniaal.

Het gesprek gaat nu over de luchtbombardementen die Israël tijdens die oorlog van 2006 uitvoerde. Omdat redelijk goed vooraf bekend was wanneer en waar er gebombardeerd zou worden, trokken veel inwoners van de hoofdstad ruim op tijd vanuit de moslimwijken naar de veiligere christelijke gedeelten van de stad. Vooral de hoger gelegen luxe wijken waren in trek. Op de platte daken werden feesten gegeven, zo hoor ik de twee mannen vertellen, speciaal voor het schouwspel van langsscherende Israëlische straaljagers en ontploffende bommen. Als morbide decor van een surrealistisch evenement.

En we rijden door. Helemaal naar Tripoli, 80 kilometer naar

het noorden. Een stad die verdacht veel lijkt op de Hezbollahwijk van Beiroet. Veel kapotgeschoten flats en roadblocks. Overal oude, afgetrapte Mercedessen, en alles voorzien van een okergeel laagje stof.

We zijn getuige van tamelijk alarmerende tafereeltjes op straat. Spelende kinderen met pistolen in de hand, bijvoorbeeld. Onze gids ziet ons schrikken en doet er lachend nog een schepje bovenop. 'Iedereen heeft hier wapens, mijn zoon van acht heeft ook een pistool. Dit is Libanon, beste mensen.' Zover waren wij ook al.

Samen met Daisy wandel ik naar het winkeltje waarvan volgens onze informatie de voortvluchtige moordenaar de eigenaar zou zijn. En warempel, daar zit hij, op een krukje voor de ingang. Hij begroet ons hartelijk. Ik koop een pakje sigaretten, maak een babbeltje en probeer intussen de tas waarin mijn verborgen camera zit op zijn snufferd te richten.

Snel terug, geheugenkaartje uit de cameratas en inladen in mijn laptop, want de opgenomen beelden kun je alleen op die manier terugkijken. Moeder en zus van de vermoorde vrouw – die de dader kennen – kijken mee. Er is geen twijfel. Hebbes!

Tja, en nu dus samen met moeder en dochter terug voor de confrontatie. Dat is een risicovolle onderneming in deze wijk, waar waarschijnlijk de moordenaar zelf én al zijn vrienden in de straat een pistool achter hun broeksriem hebben. Toch doen we het, geflankeerd door onze extremistische gids en dito chauffeur. Ze zijn niet bang, maar wel enigszins bezorgd. Op zich al heel wat.

De dader kijkt verrast op als hij na twintig jaar opeens de moeder en de zus van zijn slachtoffer herkent in het groepje mensen dat nu op hem afkomt. Peter gaat er meteen maar hard in en houdt hem confronterend alle feiten en omstandigheden voor. Moeder en zus doen ook een duit in het zakje en onze verborgen camera's draaien. De man is volkomen verbijsterd, aan de grond genageld en niet in staat iets zinnigs uit te brengen. Dat duurt enkele minuten en dan komt hij bij zinnen. Van apathisch verschuift de boel in zijn hoofd nu zichtbaar naar woedend. En dat is link hier.

Er verzamelen zich nu ook steeds meer mannen, waarschijnlijk ook met pistool achter hun broeksriem. Deze mannen tonen zich aanvankelijk verbaasd en zelfs geamuseerd omtrent de ophef in hun straat. Maar nu de aard van ons bezoek tot hen begint door te dringen, maakt de geamuseerdheid plaats voor dezelfde woede die zich inmiddels van de moordenaar heeft meester gemaakt.

We lopen plotseling acuut gevaar. En dat zien onze chauffeur en gids ook. Waar is de bus? Het gebeurt niet vaak, maar ikzelf begin nu ook oprecht bang te worden. Steeds meer boze mannen drommen samen en onze bus staat niet meer op de plek waar we zijn uitgestapt. De moeder en de zus zijn uiteraard eveneens zenuwachtig. Alleen Peter toont zich onverschrokken, als altijd.

Uit de groep mensen maakt zich een man los in een smetteloos wit overhemd. Hij kijkt streng en bijt ons toe dat we 'Nú!' moeten meekomen. Wie is deze man? Is hij een vriend of een vijand? Hoort hij bij de boze vrienden en worden we straks terechtgesteld?

Uit het niets komt onze bus aanrijden. De man in witte blouse gebaart de moordenaar in te stappen. In onze bus? Ja, in onze bus. Wij moeten zijn voorbeeld volgen. Onze gids en onze chauffeur begrijpen ook niet wat er aan de hand is. 'Volgen!' schreeuwt de man in de witte blouse naar onze chauffeur. Zelf stapt hij in een met geel stof bedekte Mercedes van minimaal dertig jaar oud.

We hebben geen andere keuze dan het commando direct op te volgen. De minstens twintig boze mannen laten ons maar ternauwernood instappen en sjorren aan de portieren van onze vertrekkende bus. We moeten zo snel mogelijk weg, voordat een van hen een wapen pakt.

En zo rijden we – moordenaar en nabestaanden van zijn slachtoffer samen in één busje – in kleine colonne van de plaats des onheils, naar... Ja waarheen, eigenlijk?

Nog steeds weten onze lokale begeleiders in de bus niet wat er aan de hand is. Na een kwartier stuurt de oude Mercedes die we gehoorzaam volgen een militair terrein op. En zo wordt duidelijk waar we naar op weg zijn en wie de man in de witte blouse is. Hij is een geheim agent van het leger. Undercoveragenten staan overal in deze stad onopvallend de boel in de gaten te houden en zodoende was het tumult bij het winkeltje opgevallen.

We stoppen voor een kantoortje ommuurd door stapels zandzakken en worden gesommeerd uit te stappen en mee te komen. Binnen moeten we plaatsnemen in een wachtkamer.

Moordenaar en nabestaanden zitten nu recht tegenover elkaar. En dan realiseer ik me met een schok een volgend probleem. We staan op een militair terrein in een Arabisch land dat voortdurend op voet van oorlog met Israël en met zichzelf leeft. Een land dat journalisten nou niet bepaald met open armen ontvangt. In de bus die buiten staat, ligt al onze apparatuur. Tassen met daarin een verborgen camera verwerkt, opladers, geluidsapparatuur, een paar gewone camera's en ga zo maar door. Als iemand op deze compound een blik in de bus werpt, ziet diegene meteen dat we van de pers zijn.

Net als dit door me heen schiet, worden we door een man in een legeruniform naar een aangrenzend vertrek gewenkt. Chauffeur en gids moeten achterblijven en moordenaar, moeder, zus, Peter en ik schuifelen naar binnen. Een streng ogende officier gebaart ons te gaan zitten. 'Jullie paspoorten, graag,' is zijn eerste opmerking.

Twee nieuwe problemen: we hebben onze paspoorten in ons hotel laten liggen én mijn paspoort – met geboorteplaats Nazareth erin – is hier de rode lap op de stier, bij wijze van spreken. Als Peter zegt waar onze paspoorten zijn, moeten we terug naar de wachtkamer. Mij wordt opgedragen om ze subiet in het hotel te gaan halen. Een soldaat zal me vergezellen, waarschijnlijk om ervoor te waken dat ik niet stiekem verdwijn.

En zo dient probleem nummer drie zich aan: de soldaat zal bij het instappen meteen zien wat er allemaal aan spullen in de bus ligt. Snel nadenken en een plan maken nu. 'Rijdt u maar, dan ga ik wel achterin zitten,' hoor ik mezelf in een opwelling van helderheid van geest zeggen. En zo geschiedde: de soldaat voorin en ik achterin, terwijl ik onopvallend met mijn voeten de apparatuur onder de banken schuif.

Bij het hotel prop ik twee DV-camera's en de zenders in een plastic tas en wandel naar binnen. Die zijn veiliggesteld. Met onze paspoorten stap ik even later weer in het busje. Paspoorten waarvan er dus eentje een acuut probleem kan opleveren. Het mijne. Waarin immers staat dat ik in Nazareth geboren ben. Die (weliswaar Arabische) stad in dat land waarvan men hier het liefst de inwoners wenst te vernietigen, dan wel de Middellandse Zee in te drijven. Ik ga ervan uit dat de hoge pief van het leger die zo meteen mijn paspoort opent niet opeens uitgerekend de enige pacifist in Libanon blijkt te zijn.

Een halfuur later overhandig ik hem een beetje beteuterd het stapeltje paspoorten. Peter realiseert zich het ophanden zijnde probleem. Maar wat kunnen we doen? Afwachten. De commandant bekijkt alle paspoorten aandachtig, en dan is het mijne aan de beurt. Hij bladert, stopt opeens met bladeren, kijkt verbaasd, kijkt nog eens goed, kijkt scherp naar mij en dan weer in het paspoort en... gaat door naar het volgende. Ik slaak een ingehouden zucht van verlichting.

Dan vraagt hij aan Peter wie we zijn en wat we daar in die straat met dat winkeltje te zoeken hadden. Peter realiseert zich dat liegen geen zin heeft en vertelt eerlijk ons hele verhaal. De commandant luistert aandachtig en beseft opeens dat de man die er al die tijd zwijgend bij zit niemand minder is dan de moordenaar van de dochter en zus van de twee dames voor hem.

Zijn strenge blik maakt eerst plaats voor verbazing en dan voor compassie met de nabestaanden. 'Waarom hebben jullie niet eerst bij mij aangeklopt?' stamelt de legerchef bijna wanhopig met zijn handen in de lucht. 'Ik had jullie alle bescherming kunnen geven. Jullie zijn levensgevaarlijk bezig geweest in die wijk. Iedereen loopt daar met een vuurwapen rond!'

We mogen allemaal weer vertrekken. Wij naar ons hotel, de moordenaar naar zijn winkeltje.

Vier jaar later wordt de man bij verstek door de rechtbank van Rotterdam veroordeeld voor de moord. Hij krijgt veertien jaar celstraf opgelegd, maar die zal hij nooit uitzitten. Hij is nog altijd spoorloos voor het Nederlandse rechtssysteem.

5

De hand van God

Tanzania 2016 en Kameroen 2021

Tweemaal heb ik een mystieke ervaring gehad bij het werk dat ik doe. Terwijl ik deze eerste regel intik, besef ik dat dit bij uitstek zo'n ervaring is die je zelf moet meemaken om ten volle te beseffen hoe bijzonder het is. Ik realiseer me dus terdege dat een buitenstaander mogelijk zijn schouders hierover ophaalt. Toch doe ik een poging.

De eerste keer dat er iets gebeurde wat nauwelijks aan het toeval toe te schrijven valt, was eind 2015: SBS6 vroeg me voor een eenmalige bijdrage aan een programma in samenwerking met het Liliane Fonds. Het ging om een voorgenomen uitzending over de vreselijke wantoestanden rondom albinokinderen in Tanzania. Door een speling van het lot komt albinisme in centraal Oost-Afrika meer voor dan elders in de wereld. Een genetische kwestie, naar het schijnt. Albino's hebben geen pigment, en dus geen bescherming tegen de zon. Bovendien kunnen ze slecht zien. Fnuikend dat dit precies extra vaak voorkomt onder een zwarte bevolking in een gebied waar het vrijwel doorlopend bloedheet en zonnig is.

Er is nog een nadeel aan albino zijn in Tanzania: een hardnekkig volksgeloof is daar de oorzaak van een heuse jacht op albino's. Hun lichamen of delen van hun lichamen zouden bij offerrituelen helpen om voorspoed bij de goden af te dwingen. Met andere woorden: albino's worden gekidnapt, gedood, in stukken gesneden en geofferd. Dat gebeurt door voodoopriesters in opdracht van rijke ondernemers die nog rijker wensen te worden.

Het is bijna niet te bevatten, natuurlijk. Je hebt de pech dat je als spierwitte albino geboren wordt in een bloedheet, overwegend zwart land, je zicht is door een oogafwijking die ermee gepaard gaat zeer slecht, en je gaat elke avond slapen met het vreselijke onderbuikgevoel dat je 's nachts door een voodoodokter uit je bedje gerausd wordt en in stukken op een altaar belandt.

De Tanzaniaanse overheid wil dit afschuwelijke volksgeloof met wortel en tak uitroeien en heeft daarom niet zo heel erg lang geleden voodoopriesters en al hun praktijken verboden. Maar een eeuwenoud volksgeloof in een grotendeels animistisch land uitbannen, dat gaat nog niet zo makkelijk. Het gevolg is dat sinds het verbod de voodoopriesters nog verder ondergronds zijn gegaan. Hoge straffen ten spijt zijn hun wanpraktijken – ook met albinokinderen – nog steeds aan de orde van de dag. Albinokinderen moeten vrezen voor hun leven. Educatie aan de ene kant en aan de andere kant een veilig onderkomen – een soort kindertehuis met hoge hekken en permanente bewaking – zijn bittere noodzaak.

Voor een speciale uitzending voor het goede doel zou collega Kees Tol een inzamelingsactie op touw zetten om zo'n opvanghuis in Tanzania te realiseren. Mijn taak was om een reportage te maken over de duistere praktijken. Een undercoverreportage dus waarin ik op de een of andere manier moest zien door te dringen in het zeer illegale wereldje van de voodoopriesters. Best link, maar ook wel een uitdaging natuurlijk. Ik zei ja, zoals ik op vrijwel elk gek voorstel dat kan uitmonden in een avontuur ja zeg. Je zou achteraf toch eens spijt krijgen dat je iets niet hebt gedaan in het leven...

Ter voorbereiding ging ik langs bij het Liliane Fonds; een uitermate vruchtbaar bezoek, waar ik zeer gerust werd gesteld over het verloop van de aanstaande trip naar Tanzania. Men zou me helpen aan een gids met de juiste contacten en een chauffeur met een noodzakelijke terreinwagen. De reis zou naar de regio rond de stad Mwanza gaan. Ik had er nog nooit van gehoord. Mwanza stond bekend als het centrum van de illegale voodoopraktijken. De stad ligt aan de zuidoever van het Victoria-meer. Er wordt amper Engels gesproken, maar voornamelijk Swahili, en er wonen vrijwel geen westerlingen. We vallen dus zeer op en kunnen ons niet verstaanbaar maken. Daarom krijgen we de goed ingevoerde gids/tolk mee die ons zal begeleiden en beschermen. De reis moet plaatsvinden in januari; het is nu oktober.

Het wordt november en dan december, en ik hoor niets. Lichtelijk ongerust neem ik contact op. Is alles in kannen en kruiken? Zijn mijn gids en chauffeur met auto geregeld? Ik krijg een wat ontwijkend antwoord. Na wat doorvragen hoor ik wat er aan de hand is.

De Tanzaniaanse overheid werkt mee aan het project. Tenminste, het deel van het project dat gaat over de bouw van het veilig onderkomen voor de albinokinderen. Maar de reportage over de vreselijke voodoopraktijken is een probleem. Omdat voodoo verboden is in Tanzania, wil de overheid er in de media geen aandacht aan besteden. Aantonen dat het nog steeds voorkomt, is immers een erkenning van een falend beleid. Ik krijg vrij droogjes te horen dat ik buiten het Liliane Fonds om – zonder enige hulp dus – mijn undercoverreportage moet zien te maken.

'Er rijden daar ook vrij veel busjes. Op dat gebied is het openbaar vervoer naar het schijnt best oké,' voegt een medewerker er geruststellend aan toe. Ik ben met stomheid geslagen. 'O ja, je vliegt dinsdag heen en vrijdag weer terug, dat moet wel lukken, toch?'

De stomheid maakt nu plaats voor verbijstering en eerlijk gezegd ook woede. Wat denken ze daar nou helemaal? Dat ik in twee dagen, als enige westerling en slechts vergezeld door een cameraman, in een verre Afrikaanse stad in een zeer mediaschuw land zonder filmvergunning en zonder de taal machtig te zijn, me met een verborgen camera onderdompel in de mystieke en streng verboden wereld van albino-offering? Zelfs Tom Cruise zou hiervoor vriendelijk bedanken.

Maar mijn adagium is natuurlijk nog altijd: *Ga het avontuur aan, stap erin, en als het mislukt heb je het in ieder geval geprobeerd. Dan kun je nooit spijt krijgen dat je thuis op je krent bent blijven zitten.*

Ik bel mijn cameraman Joep en schets hem de inktzwarte situatie. Hij lacht als een boer met kiespijn en samen besluiten we het ondanks alles gewoon door te laten gaan. Terecht merkt Joep op dat het sowieso een avontuur wordt en dat als het mislukt – en dat zal het – niemand ons dat kwalijk zal nemen. Ik ga wel twee extra dagen regelen, want dat is toch wel het minste. Na enig soebatten wordt het een complete *mission impossible* in vier dagen. SBS6 en het Liliane Fonds gaan schoorvoetend akkoord.

Dan komt het uur U naderbij. En daarmee de angst. Want steeds meer daalt het besef in dat dit gewoon niet kán. Ik heb veel gekke dingen gedaan in mijn leven, en veel risico's genomen, maar deze toestand is er eentje in de absolute buitencategorie.

Het wordt Kerstmis, twee weken voor ons geplande vertrek. En dan gebeurt het ongelooflijke. Uitgerekend met kerst. Een goddelijke ingreep. Alsof het Opperwezen inziet dat een beetje extra steun voor deze nobele missie bittere noodzaak is.

Die kerst komen vriend Mark en zijn vriendin Boudine bij ons eten. Mark is een rabiaat atheïst, ook dat nog, dus we zitten zonder inleidend gebed aan de kerstdis als Boudine wordt gebeld. Ze kijkt op haar telefoon en verontschuldigt zich: 'Oei, die moet ik even aannemen, het is mijn vriendin Anne en ze zit op het vliegveld in Dar es Salaam.' Een beetje gegeneerd loopt ze bellend van tafel. Even later komt ze terug. 'Het was niets bijzonders gelukkig. Ik was bang dat ze haar vlucht ging missen en dus niet met oud en nieuw hier kon zijn.'

'Dar es Salaam', echoot het na in mijn hoofd. Dat is de (voormalige) hoofdstad van Tanzania. 'Wat doet die Anne daar? Ik moet over twee weken in Tanzania zijn,' vraag ik.

Het antwoord vergeet ik niet snel: 'Ze woont daar, ergens in het binnenland. Die stad heet Mwanza. Daar woont ze samen met een Tanzaniaanse man. Hij heet Perfect. Perfect doet iets in een dansgroep. Hij houdt zich bezig met een bewustwordingsprogramma onder de lokale bevolking om de kwalijke praktijken van voodoo tegen te gaan, en dan vooral de ontvoeringen en offeringen van albinokinderen.'

Mijn mond valt open en ik kijk even omhoog. Dank u, God. Wat wij toeval noemen, is het toevluchtsoord der onwetendheid, zei Spinoza. Ik weet het nu wel!

De volgende dag krijg ik via Anne het nummer van haar man Perfect. Hij blijkt een zeer aardige, hulpvaardige Mwanzaan te zijn. Hij wil graag onze gids zijn en is beschikbaar tijdens ons verblijf. Alsof het nog niet genoeg is: hij is parttime reisleider voor toeristen die het wildreservaat de Serengeti bezoeken, spreekt zeer goed Engels en is in het bezit van een fourwheeldrive.

Joep en ik hebben de reis gemaakt en het werd een ongelooflijke reportage, waarin we doordrongen tot in de allerdiepste krochten van het medicijnmannenrijk. Met de verborgen camera legden we vast dat Joep en ik ons voordeden als rijke Europese zakenmannen op zoek naar mystiek geluk. Vooral het gegeven dat zelfs de meest ervaren voodoodokter niet doorhad dat hij met twee verborgen camera's in het geniep werd vastgelegd, bleek een enorme eyeopener voor Perfect. Want zo actief als hij was in de bestrijding van de verderfelijke rituelen, zo bang was hij toch ook voor de onzichtbare macht van de medicijnmannen. Ze boezemen ontzag en angst in bij de hele bevolking. Het zit ingebakken in honderden, misschien wel duizenden jaren van tradities.

Maar Perfect leek nu tijdens onze undercoveractie te ontwaken uit zijn agnostische 'je weet maar nooit'-houding. Zelfs zozeer dat hij bij ons afscheid op het vliegveld aan het einde van de week enigszins geëmotioneerd zei: 'Ik heb mijn hele leven, veertig jaar lang, geloofd dat ze wel degelijk over geheimzinnige krachten beschikken, maar jullie hebben me in een week genezen. Ik zal nooit meer bang zijn.' Een omhelzing, een traantje en daar gingen we. Terug naar Nederland. En ik, als eeuwig heilige twijfelaar in het geloof, toch weer een stukje gesterkt. Toeval is het toevluchtsoord der onwetendheid? Geen toeval dus, want geen onwetendheid.

De tweede ingreep van hogerhand vond plaats in 2021 in Yaoundé, de hoofdstad van Kameroen. Ook op deze trip werd ik vergezeld door Joep, mijn trouwe cameraman en goede vriend. We waren hier (onze derde reis naar Kameroen overigens) op jacht naar een oplichter die een website van een Nederlandse paardenhandelaar had gekopieerd. De Handige Harry had alles vertaald in het Engels en het rekeningnummer gewijzigd in het zijne.

Hij bleek dit ook te hebben gedaan met een Keniaanse website waarop goud wordt verkocht en een Britse site waar rashonden te koop worden aangeboden. Handige scam, natuurlijk. Je hoeft alleen maar te wachten tot mensen hun centjes niet naar de oorspronkelijke ondernemer, maar naar jou overmaken. En die paarden, dat goud en die honden, die worden natuurlijk nooit geleverd. De truc werkt zolang de eigenaar van de oorspronkelijke website niets doorheeft.

Wij waren gealarmeerd door de paardenverkoper, ene

Daniel uit Brabant, en hadden bij de boef op de Engelstalige site een paard gekocht. Tenminste, ons digitale valletje gestuurd waarmee de boef dacht te kunnen cashen voor een paard. De boef hapte en zodoende kregen we toegang tot zijn telefoon. Locatie en selfiecam gaven zijn woonadres plus gezicht prijs. Het bleek een Afrikaanse man met een opvallend moedervlekje op zijn gezicht en hij woonde volgens de gps-coördinaten in het dorpje Soa, op een kilometer of vijftien ten noorden van Yaoundé.

Via Google Maps zagen we op die plek geen woning, maar een weiland. Dat kan natuurlijk, omdat de satellietkaarten die Google gebruikt soms wel een paar jaar oud zijn. Via de selfiecam konden we in ieder geval duidelijk zien dat de man met de moedervlek in een woning op die plek zat.

Wij erheen dus. Altijd spannend wat je aantreft, natuurlijk. Toen Joep en ik een week of twee later in Kameroen arriveerden en met een taxi vanaf Yaoundé naar Soa reden, zagen we dat er op die plek inderdaad een spiksplinternieuw huis was gebouwd. En wat voor huis. Eerder een fort: een enorme witte ommuurde villa, met in zwart uniform gestoken en bewapende bewakers op een stoeltje voor de ijzeren toegangspoort. Slik.

Met onze chauffeur zijn we in plaats van stoer aan te bellen en de man te confronteren toch maar eerst naar de politie van Soa getogen. Dat liep uit op een drama. De politie leek aanvankelijk enthousiast over ons verhaal. Ik vertelde uiteraard niet dat ik journalist ben, maar deed me voor als goede vriend van de gedupeerde paardenhandelaar die via een technisch foefje had ontdekt wie de oplichter was. Maar het enthousiasme van de lokale politiebaas nam vrij snel af. We moesten buiten maar even wachten. Dat 'even' werd uiteindelijk een paar uur. Joep en ik en ook onze chauffeur begrepen er totaal niets van. Tot een van de aanwezige agenten vertelde wat er aan de hand was.

De man met de moedervlek was herkend als de IT-specialist van een in Kameroen zeer beroemde tv-dominee: de profeet Ferdinand Ekane, een charismatische man die volle voetbalstadions toespreekt en zijn volgelingen in massale vervoering weet te brengen met opzwepende preken.

Op YouTube wemelt het van de filmpjes waarin de profeet duivels uitdrijft, wonderen verricht en mensen in trance brengt. De door ons betrapte IT'er woont bij hem in. De loslippige agent weet ons ook te vertellen dat deze profeet goede vriendjes is met de plaatselijke politiecommissaris.

Geschrokken trekken we ons terug van het politiebureau: opeens immers het hol van de leeuw. De profeet zal inmiddels op de hoogte zijn gesteld van onze aanwezigheid, beseffen dat zijn IT'er het lek is en wie weet een paar van zijn gewapende ninja's op ons afsturen. Deze missie is gedoemd te mislukken.

We realiseren ons ook dat we onze paspoorten op het politiebureau hebben laten zien, dat er kopietjes van zijn gemaakt en dat we moesten opgeven in welk hotel we logeerden en met welke vlucht we waren gekomen en weer zouden vertrekken. Onbeduidende standaard dingetjes die nu opeens weleens erg lastig in ons nadeel zouden kunnen gaan werken.

Op zulke momenten stel je je targets ernstig bij. Van: de bewoner van het ommuurde kasteel keihard confronteren, naar: veilig het land uit zien te komen. We zijn daarom met de staart tussen onze benen het land uit gegaan, maar die vermaledijde profeet bleef toch knagen. En een reis maken zonder terug te komen met een reportage, dat kan natuurlijk niet.

In de maanden erna ontdekten we dat Ekane regelmatig door Europa toert om zijn overzeese schaapjes toe te spreken. Dat bood een uitgelezen kans. We zouden hem tijdens zo'n bijeenkomst in Europa confronteren. Uiteindelijk kozen we een geplande kerkdienst in Italië. Daar zou hij in de stad Vicenza in een zaaltje in het Ibis Hotel een kerkdienst voorgaan voor daar wonende Kameroense gelovigen. Een prachtkans natuurlijk, want hij zou daar zeer kwetsbaar zijn, zonder de bescherming van zijn in zwart gestoken ninja's en de politiebaas.

Twee dagen later namen we onze intrek in het hotel. Een korte inspectie bood zekerheid. In een zaaltje werden voorbereidingen getroffen voor de kerkdienst. Er hingen zelfs al Kameroense vlaggen. Vanaf een onopvallend plekje in de lobby (want we hielden er ernstig rekening mee dat hij mij inmiddels via de politiechef zou kunnen herkennen) zagen we de gelovigen binnendruppelen. Maar Ekane was in geen velden of wegen te bekennen. Ook niet toen we hoorden dat het eerste gezang werd ingezet. Voorzichtig keken we om een hoekje de zaal in. Tot mijn verbazing zag ik dat een andere dominee de dienst leidde.

Na afloop sprak ik hem aan. Ekane was niet gekomen omdat zijn vlucht vanuit Parijs gecanceld was. En zo ontglipte die gluiperige gebedsgenezer mij voor de tweede keer. Het werd op dat moment een beetje een strijd in mijn hoofd. Het goede (ik uiteraard) moest en zou het kwade (die duivelse profeet) overwinnen. Maar hoe?

Weer een jaar laten waren we opnieuw in Kameroen. Voor een heel andere zaak, maar natuurlijk ook met de hoop in het achterhoofd dat we en passant die verduivelde Ekane op de een of andere manier konden aanspreken.

Onze eigenlijke missie verliep succesvol en we hadden – zoals ik uiteraard hoopte – een dagje over. In Yaoundé, waar naar het scheen Ekane een enorme tempel ter meerdere eer en glorie van zichzelf had laten bouwen, en waar hij 's zondags tweemaal een dienst leidde. En laat het die dag die we overhebben nu precies zondag zijn!

Het is 28 maart 2021. Joep en ik rijden met onze inmiddels bekende chauffeur Bernard naar de betreffende tempel in Yaoundé. Bernard is echter niet gerust op ons plan: kijken of ik Ekane ergens kan aanspreken. Bernard is zelfs ronduit bang. Hij weet ons te vertellen dat Ekane betrokken is geweest bij enkele verdwijningen, dat hij zeer corrupt is, dat hij de politie flink betaalt voor bescherming en dat zijn bewakers meedogenloos zijn.

Profeten als Ekane vormen in Centraal- en West-Afrika een bekend verschijnsel. Ze trekken massa's mensen, Ekane krijgt zelfs voetbalstadions vol, maar worden heel vaak in verband gebracht met criminaliteit. Het aureool van religie verschaft hun een zekere bescherming, vooral als ze via openbare duiveluitdrijvingen laten zien dat ze ook in de spirituele wereld machtig zijn. Bernard verzekert me dat Ekane een heel grote jongen is op dit terrein.

En dan naderen we de tempel. Vanaf de hoofdweg rijden we een zijweg in. 'Deze weg van zeker een halve kilometer heeft Ekane zelf laten aanleggen als toegang naar zijn kerk,' zegt

Bernard niet zonder ontzag. Met de poort van het complex in het vizier stoppen we. Bernard zet zijn auto aan de kant. Joep en ik blijven in de auto en Bernard gaat – toch wel een beetje met knikkende knieën – even om een hoekje kijken.

Terwijl de gelovigen zonder ons te zien langs onze auto met donkere ramen ter kerke gaan, filosoferen Joep en ik hoe we dit varkentje zullen wassen. Zo gaat het altijd. We weten van tevoren nooit in wat voor situaties we belanden en vooraf van alles regelen is op ons soort missies volstrekt zinloos. Het gaat toch altijd anders dan je had bedacht.

Na een halfuurtje – de ceremonie in de tempel is al in volle gang – komt Bernard terug. Hij kijkt ongerust. 'Dit moeten we niet doen. Het is een enorme kerk met zeker tweeduizend gelovigen. Ze zijn allemaal in opperste vervoering en om binnen te komen moet je langs bewakers en door een detectiepoort.'

Joep en ik kijken elkaar aan. We realiseren ons dat tijdens de preek naar binnen banjeren, de microfoon uit de handen van Ekane trekken en hem ten overstaan van zijn duizenden aanbidders eens even flink de oren wassen tv-matig misschien fantastisch zou zijn, maar inmiddels niet meer tot de realistische opties behoort.

Bernard schiet in de lach als hij dit droomscenario hoort. Maar dan zegt hij bloedserieus: 'Jullie zullen worden vermoord. Ik wil hier weg. Ekane kent jullie. Ik weet namelijk nog iets. Hij heeft tegen de politiecommissaris gezegd dat hij een droom had waarin tijdens een kerkdienst opeens twee witte mannen hem zouden bedreigen.' Bernards strenge gezicht blijft in de plooi. Dit is geen grapje.

Joep en ik kunnen het amper geloven, maar Bernard herhaalt het verhaal. We sommen de risico's nog een keer op, en moeten een pijnlijke conclusie trekken. De bewakers zullen ons tegenhouden en misschien mishandelen, en de enorme meute extreem fanatieke gelovigen die inmiddels ook is opgezweept door Ekanes preek zal ons vrijwel zeker eveneens aanvallen.

En op exact dat moment doet mijn telefoon: 'Pling!' Een pushmelding die wordt geactiveerd bij bijzonder of belangwekkend nieuws. Ik kijk en lees de kop van het bericht: 'Kerkgangers vallen journalisten aan.' Ik draai het scherm naar Joep. Hij kijkt en wordt bleekjes rond zijn atheïstische neusje. 'Bizar...' stamelt hij. Op dit moment worden 10.000 kilometer verderop in Urk en Krimpen aan den IJssel verslaggevers aangevallen vanwege kritische berichten in de pers omtrent de coronamaatregelen die in sommige kerken niet werden nageleefd. Maar dat deze krantenkop precies op dit moment onze auto binnenkomt... Het zal heus wel toeval zijn, maar zo voelde het op dat moment totaal niet.

Ik heb deze goddelijke ingreep genegeerd. Uiteraard ben ik niet de kerk in gegaan, maar nog een keer met niks thuiskomen, dat kon natuurlijk niet. Terwijl Joep, Bernard en ik hardop uitspreken dat we ons verlies wederom moeten pakken en gedwongen zijn opnieuw onverrichterzake huiswaarts te gaan, realiseer ik me dat het allemaal niet zo ingewikkeld hoeft te zijn.

Het gevaar van Ekane is in onze hoofden tot ongekende proporties toegenomen. Vriendjes met de corrupte politie, sterker dan de demonen die hij aan de lopende band uitdrijft, omringd door gewapende in zwarte overall gestoken vechtmachines als bewakers, op onnavolgbare wijze beschermd door het lot als precies op het juiste moment een vlucht naar Italië wordt geannuleerd, en ga zo maar door.

Dit alles moet even teruggebracht worden naar de juiste proporties. We staan nu in Yaoundé en niemand zal me toch iets doen als ik gewoon in mijn eentje even uit de auto stap? Ik open mijn portier en zeg tegen Joep: 'Film me.' Hij kijkt me verbijsterd aan en pakt zijn camera. Het kan toch niet zo zijn dat we zo dichtbij zijn en weer aftaaien? Ik wandel met mijn verborgencameratas rustig naar het begin van het zandpad dat naar de tempel leidt. De dienst is klaar en de eerste gelovigen komen in groepjes aangewandeld. Een enkeling kijkt verrast op; ik ben hier de enige westerling.

Na een paar minuten doemt de grote zwarte Mercedes van de profeet op. Ik moet hem tussen alle Afrikaanse kerkgangers nu toch wel zijn opgevallen. Maar de man kan geen kant op, en is gedwongen langs me heen te rijden naar de grote weg achter me. Moederziel alleen in zijn veel te grote auto rijdt hij op me af. Ik hef mijn arm en tover een lach op mijn gezicht. Nu moet hij beseffen dat zijn visioen deels is uitgekomen. Hij weet wie ik ben, alleen verras ik hem niet in zijn kerk en ben ik in mijn eentje. Joep filmt vanuit de auto van Bernard onzichtbaar op een afstandje.

Ekane lacht terug, remt en doet zijn raampje open. Ik buig me een beetje naar binnen en begroet hem. Aan zijn blik zie ik dat hij me herkent. Ik kijk vlug naar links en rechts om me ervan te vergewissen dat er geen gewapende bewakers in de buurt zijn. Ekane geeft geen gas, en is blijkbaar behalve verrast en misschien geschrokken ook nieuwsgierig. Zo staan we na bijna drie jaren van kostbare reizen, omzichtigheid, pech, mislukking en frustratie nu als twee kinderen van het licht en van de duisternis tegenover elkaar op een stoffige weg in Yaoundé.

Ik voel victorie opwellen in mijn borst en houd hem onze bevindingen voor. Hij kijkt gemaakt onaangedaan als ik hem vertel dat ik heb ontdekt dat hij met een internetoplichter samenspant, dat ik heb gehoord dat hij smeergeld aan de politie heeft betaald en dat hij onder meer een paardenhandelaar uit Nederland heeft gedupeerd. Beleefd ontkent hij elke aantijging, sputtert nog wat en geeft me een hand, sluit het raampje en rijdt weg. Niet beseffend dat hij zojuist drie jaar frustratie heeft goedgemaakt en mijn uitzending heeft gered.

Twee weken later – als we allang weer in Nederland zijn – komt er verontrustend nieuws. De echtgenote van Ekane is overleden. Bernard heeft vernomen dat de profeet zijn vrouw heeft laten vermoorden tijdens een voodooritueel. De profeet zelf ontkent de aantijging met klem en wordt niet gearresteerd.

6

Gered uit de handen van de Japanse maffia

Tokyo, november 2015

Ik ben eerlijk gezegd een beetje dronken. We zijn eergisteren aangekomen in deze superstad met – inclusief agglomeratie – vierendertig miljoen inwoners, en door de jetlag en te veel bier waggel ik onder een viaduct in Roppongi, een wijk waar qua oplichting veel schijnt te gebeuren. En zojuist ook ís gebeurd trouwens, maar het is me allemaal een beetje ontgaan. Voor mijn programma *Oplichters in het buitenland* is deze missie zoals steeds: de stad verkennen en me zo stom mogelijk laten oplichten als onnozele toerist. Maar we zijn te gretig van start gegaan. Ik zie cameraman Joep en collega Marijke aan de overkant van de weg en wenk ze. Tijd om naar het hotel te gaan.

Ons hotel ligt vlak bij Roppongi Crossing en is een typisch Tokyoos hotel. Kamers waar je je kont amper kunt keren en de meest bizarre gadgets en attributen. Ik wist niet dat Japan zo raar was. Om maar eens iets te noemen: in een vakje aan mijn hotelkamerdeur zit een opgevouwen plastic zak. Een heel grote zak, als je hem uitvouwt. Ernaast de Japanse manier van instructies geven. Dat is steevast in de vorm van stripfiguurtjes die iets uitbeelden, in dit geval wat je met die zak moet doen.

Het blijkt dat de zak bedoeld is voor als het hotel in de fik staat. Mijn stripfiguurtje (een beetje die gast die de vriend is van Pikachu) laat me zien hoe hij de zak openvouwt. Hij kijkt daarbij bezorgd om zich heen. Daarna – plaatje 2 – begint hij ermee op en neer te zwaaien. Er ontstaat zodoende een luchtbel in de zak, alsof het een luchtballon wordt. Nog steeds een bewolkte blik. Op het derde plaatje kijkt het mannetje blijer. Hij constateert dat er kennelijk voldoende lucht in de zak zit en doet iets wat in Nederland sterk ontraden wordt door medici, maar in Japan blijkbaar omgekeerd werkt en zelfs levens redt. Het mannetje trekt – plaatje 4 – de plastic zak over zijn hoofdje en sluit de onderkant zorgvuldig strak rond zijn nekje. Hij beschikt nu over voldoende zuurstof om door de rook, die inmiddels de gangen van ons hotel heeft gevuld, naar buiten te lopen (plaatje 5).

In mijn sobere badkamertje staat een toilet uit *Starship Enterprise*. De *Star Trek*-bril is in diverse standen in te stellen op positie en op temperatuur. Er zitten bovendien allerlei sproeiers in de bril en in het keramiek verstopt én je kunt het geluid van doortrekken nabootsen ten einde een onverhoopte scheet te maskeren voor toehoorders in de buurt zonder daarbij water te verspillen. Alles te bedienen via een gecompliceerd instrumentenpaneel aan de muur en zittend op het toilet.

Gisteren was ik bij de 333 meter hoge Tokyo Tower. Het is een kopie van de Eiffeltoren in Parijs, maar dan rood-wit geschilderd. Japanners zijn dol op alles wat Frans is, trouwens. Je ziet er amper sushizaken, maar overal croissants en stokbroden. Naast die toren is een rookruimte. In Japan mag je op best veel plekken een sigaretje roken, maar dus niet zomaar overal. Er bestaan speciale buitenrookruimten. Bij de Tokyo Tower is het een hoekje in de buitenlucht. Maar het gaat me ook hier om de infographics: wonderlijk, grappig en vooral vreemd. Ze getuigen van een totaal verschillend denkpatroon.

We zien in die rookruimte een tableautje hangen met weer die vent van Pokémon die ons iets probeert te vertellen. Op het eerste plaatje zien we een man een sigaret roken. Ernaast de hoofdrolspeler, die ons iets wil laten zien. Hij kijkt een beetje neutraal, maar keurt het roken duidelijk niet goed. Het tweede plaatje laat zien dat de rokende man zijn peuk op de grond kwakt. Het gezicht van nummer twee, onze leermeester, staat nu op oorlog. Met gefronste wenkbrauwen kijkt hij de man aan. Het wordt nog net niet knokken. En dan het laatste plaatje. Daar gaat het mij nu om. Het is van een aandoenlijke naïviteit, maar in Japan duidelijk een trouvaille. We zien wederom onze stripheld en de rokende man, maar dan in een heel erg blije situatie. De rokende man gooit nu namelijk geen peuk op de grond, maar een muntje. Nummer twee slaat het met zeer veel blijdschap gade. Eronder ter verduidelijking de tekst: 'Als je iets op de grond gooit, hebben we liever geld dan sigarettenpeuken.'

Nog eentje dan, om te laten zien dat Japanners werkelijk een totaal andere denkwijze hebben dan wij. Op dit bord zien we een cowboy, of in elk geval zijn silhouet. Hij heeft een hoed op en in zijn linkerhand een revolver. Boven zijn hoofd staat in kapitalen het woord HERO. Hij voert een duel met een tweede cowboy, die eveneens zijn pistool getrokken heeft. Boven zijn hoofd het woord VILLAIN. Rechts van dit tafereel een ouderwetse camera die aan het filmen is, blijkens de twee stippellijnen met aan het einde een pijl als radius waarbinnen het shot gemaakt wordt en waarbinnen de hoofdrolspelers hun actiescène uitvoeren. Net als er geschoten gaat worden, gooit de held een sigarettenpeuk op de grond. Naast de duidelijk antieke camera staat de tekst: *Old movie. A long time ago.* Erboven: *The cool cowboy flicks his cigarette butt into the street. But he lives in an old movie.*

Nou ja, een heel erg raar land dus. Ik kruip licht beneveld in mijn te kleine hotelbedje en val in een diepe slaap.

De volgende dag gaan we weer op pad, met de vage herinnering aan de vorige avond in ons achterhoofd. In Japan staan op hoeken van drukke straten Nigeriaanse en Oost-Europese mannen de westerse toeristen toe te spreken. Samenzweerderig word je meegelokt naar een 'gezellige bar in de buurt'. Het eerste biertje is gratis.

Ik had me aldus als een mak schaap laten meetronen. Een keer of drie. Je komt dan via een lift in een bar waar amper clientèle is. Wel veel bediening en links en rechts een schaars geklede dame. Niet Japans trouwens, maar Oost-Europees. Het is een gezellige boel, de muziek is wat hard, maar de aanwezigen lijken het naar de zin te hebben.

Dit is iets wat je in allerlei varianten over de hele wereld ziet. De dames zijn geen klant, maar werken in de bar en gedragen zich als hitsige stoeipoezen. Als je het niet doorhebt, is het prima voor je ego. Telkens word je bij binnenkomst verwelkomd alsof je George Clooney bent. Ik ook, gisteravond.

Je gaat ergens zitten en binnen vijf minuten vlijt een van de aanwezige dames zich krols tegen je aan. Ze lust toevallig ook wel een drankje. Ze babbelt honderduit en is niet vies van complimentjes geven, over je uiterlijk en je leuke accent. 'Zullen we samen een fles champagne bestellen?' is steevast de vraag na de derde consumptie. Die fles champagne kost niet zelden honderden tot een paar duizend euro's. Die had ik niet besteld, want dan wordt mijn programma te duur. Wel een paar gewone drankjes, en ook dat was voldoende om schandalige oplichting vast te stellen.

Er was me nog iets opgevallen. Ten eerste was ik telkens de enige klant. Maar wat me achteraf vooral trof, was dat de harde muziek in de bar – meestal op de vierde of vijfde verdieping, vanuit de naderende lift – pas bij mijn komst opeens leek aan te floepen. Na te hebben betaald hoorde ik vervolgens in de vertrekkende lift de dreunende beat weer even plotseling wegvallen. Het leek dus wel alsof die hele tent voor mij alleen werd opgetuigd. Dat het barpersoneel, de bediendēn en de dames door iemand van mijn komst op de hoogte werden gesteld en van het ene op het andere moment een rol aannamen.

Het is een gekke gedachte, dus daar wil ik meer van weten. En daarom laat ik me de dagen die volgen nog een paar maal meelokken in Roppongi. Zodoende krijgen we een goed beeld van een duidelijk systeem van verscholen nepbars. Het moeten er vele honderden zijn. We zijn op een vrij omvangrijk probleem in Tokyo gestuit, en het blijkt dat bijvoorbeeld de

Amerikaanse ambassade speciale waarschuwingen doet uitgaan naar toeristen om je niet mee te laten lokken.

En dan breekt dag vijf aan, de dag dat we naar Shinjuku willen, de rosse buurt van Tokyo. Dat is een beruchte wijk waar deze praktijken nog grootschaliger voorkomen. Shinjuku is ook de wijk van de Yakuza, de Japanse maffia. Naar verluidt heeft de Yakuza hier niet minder dan honderdtwintig van zulke nepbars in beheer. Bedrijfsmatige uitbuiting en oplichting van toeristen dus.

Ik wandel er in mijn eentje langs de weg naartoe. Een stukje achter me lopen Joep en Marijke. In de verte de felle lichten en de herrie van Shinjuku. Maar voor ik de wijk betreed, schrik ik me rot. In de straat erheen, waar we achter elkaar lopen, doet iemand naast mij een deur open. Knetterharde heavymetalmuziek schalt opeens zo hard de straat in dat ik onwillekeurig van schrik een sprong opzij maak. Het is werkelijk oorverdovend. De muziek doet me het meest denken aan de punk van eind jaren zeventig, maar dan Japans. Ik kijk naar binnen. In plaats van een pogoënde massa losgeslagen hanenkammen zie ik lange rijen roze speelkasten waar her en der oude Japanse mannetjes en vrouwtjes geconcentreerd zitten te spelen. Vrolijke stripfiguurtjes sieren de muren. Ook de verlichting is uitsluitend roze. Japan, het is wennen.

Ik loop door en meteen bij een soort toegangspoort van de wijk Shinjuku word ik al aangesproken door een donkere man. Hij weet een leuke tent waar ik het helemaal naar mijn zin zal hebben, verzekert hij me. Ik loop achter hem aan. We slaan links af een zijstraat in. Ik vraag de man of het een 'normale' bar is. Eentje waar het druk is, met meer klanten. Gewoon om te kijken wat hij zegt en om vast te stellen hoe een toerist wordt misleid. Want ook nu weer verwacht ik alleen te zijn.

Overal onderweg passeren we benevelde toeristen en klinkt harde muziek. Zo nu en dan zie ik een eettentje of een gewone bar aan de straat op de benedenverdieping. Maar daar gaan wij niet heen. De man troont me mee naar een zijsteegje en we nemen een trappetje omhoog. Ernaast is een klein restaurantje. Ik hoop dat Joep en Marijke me nog volgen en zien waar ik naar binnen ga. In dit restaurantje kunnen ze dan mooi gaan zitten en mij opwachten als ik weer naar buiten kom.

Op de tweede verdieping zwaait een deur open. Ik hoorde de muziek al bij het betreden van de trap. Het viel me op dat die deze keer niet opeens aanfloepte, maar al aan was. Ik betreed een klein zaakje met links een bar en aan het einde daarvan aan de rechterkant om het hoekje een ruimte. Klein, ongezellig, met lange banken langs de zijkanten.

In het paarse tl-licht zie ik tot mijn grote verrassing dat ik deze keer niet alleen ben. Er zit een jongen. Naast hem een prostituee. Het ziet er vrij zorgelijk uit. De jongen maakt een behoorlijk beschonken indruk en de dame ernaast laat haar tepel aan hem zien. Het is een aansporing voor een nieuwe bestelling. Ook ik krijg soortgelijk gezelschap. Deze keer besluit ik me niet dronken te laten voeren, maar me te focussen op wat er naast me gaat gebeuren. Het tafereel wordt steeds triester en ik spreek de jongen aan. Hij heet Oscar en komt uit Zweden.

Oscar is tweeëntwintig jaar en heeft de creditcard van zijn vader bij zich. Hij praat met dubbele tong en vertelt me – in uitstekend Engels overigens – dat zijn vader eigenlijk mee wilde naar de rosse buurt. Oscar vond dat uiteraard een nogal ongemakkelijk idee, en dus ging hij alleen. Hij heeft inmiddels gelukkig wel een donkerbruin vermoeden dat hij slachtoffer aan het worden is van grove oplichting. De dame naast hem wilde net een fles champagne bestellen, en nu kijkt ze me boos aan. Mijn eigen gezelschapsdame is zelfs boos weggelopen toen ik de Zweed aansprak.

Voor mij als programmamaker begint het nu interessant te worden. Ik ben nu met de verborgen camera in mijn tas aan het vastleggen hoe de oplichting bij een echt slachtoffer in zijn werk gaat. Maar ik voel ook een soort vaderlijke verantwoordelijkheid, ik vind dat ik het allemaal niet te ver mag laten komen.

Dan komt mijn gezelschapsdame terug. Maar ze is niet meer alleen. Ze wordt geflankeerd door een enorme Afrikaan. Hij is een uitsmijter en onderbreekt Oscar en mij. Het is namelijk niet de bedoeling dat klanten onderling met elkaar in gesprek gaan. De uitsmijter zit kennelijk zo in dit systeem vastgeroest dat hij dit een heel normale opmerking vindt in een etablissement dat zich als 'normale' club aan de toerist presenteert.

Of ik even wil meelopen naar de bar, dan kan ik daar een gratis drankje krijgen. Ik stribbel een beetje tegen en de uitsmijter krijgt acuut een soort kortsluiting in zijn hoofd. Hij kijkt me aan alsof ik net vol in het gezicht van de paus heb staan vloeken. Ik krijg meteen een tamelijk harde por en moet mee.

De Zweedse jongen ziet het en is opeens een stuk nuchterder. Hij doorziet in een flits zijn eigen situatie. Die is penibel; hij stond immers op het punt die fles champagne van 1200 euro te bestellen en mag niet meer vertrekken. Oscar komt overeind en wordt prompt terug op de bank geduwd.

Van het ene op het andere moment zit ik in een gevaarlijke situatie. Als het nu verder escaleert, is mijn enige getuige een stomdronken Zweed van tweeëntwintig. Maar ik kan het joch nu niet alleen laten. Het is weer die vreemde mix van emoties die hier opwelt. Ik maak een tv-programma, dus een fikse rel vastleggen met mijn verborgen camera is fijn. Maar die jongen mag niet de dupe worden van zulke platte sensatiedrang. Gewoon doen wat ik nu normaal ook zou doen, is het devies. Hoewel, normaal gesproken zou ik natuurlijk nooit voor mijn lol naar zo'n tent gaan.

Ik word naar de uitgang geduwd door de gespierde uitsmijter. De Zweed, die toch is opgestaan, wil me volgen, maar hij wordt door hem teruggeduwd. 'Jullie mogen niet met elkaar praten. Jullie zijn hier om te drinken!' roept de uitsmijter enigszins wanhopig.

Met wat geduw en getrek komen we bij de deur. De uitsmijter wil me naar buiten werken en ik zie dat de jongen achter hem in paniek begint te raken. Ik probeer het nog een keer redelijk; dit is immers een vrij land. 'Als hij zijn rekening heeft betaald, mag hij toch gewoon vertrekken?'

Dan gebeurt er iets angstigs. De uitsmijter man stopt met alles. Hij bevriest als het ware. De man staat stokstijf tussen mij en de Zweedse jongen in en kijkt me een soort van strak aan (hij is scheel). Misschien wel voor het eerst in zijn leven is er iemand die de situatie van een andere kant duidt. Dit is natuurlijk hoe het werkelijk zit, lijkt hij zich opeens voor het eerst te realiseren. Een klant die wil betalen wat hij heeft gedronken en weer eens verder wil.

In plaats van ons nu met een welgemeend 'sorry' en een hoffelijke buiging uitgeleide te doen, volhardt hij. Hij heeft waarschijnlijk zijn Japanse maffiabaas zojuist verwittigd dat er weer een fles champagne verkocht gaat worden en ziet dat nu in duigen vallen. Ik krijg weer een duw richting de deur en er volgt nu ook een trap. De deur knalt dicht. Ik sta opeens in het gangetje en ik hoor de Zweedse jongen door de deur heen smeken om weg te mogen. Nu weglopen naar de veilige drukte van de straat is geen optie. Kijken of Marijke en Joep in de buurt zijn misschien wel.

Dan hoor ik weer dat de Zweed roepend en smekend van de andere kant de deur probeert te openen. Zonder al te veel na te denken bonk ik op de deur en schreeuw dat ik de politie erbij ga halen. De deur gaat open en daar staat de schele spierbundel weer, met achter hem de kermende jongen. Ik krijg meteen weer een trap en realiseer me dat een mes zo getrokken is. Omdat ik zie dat de uitsmijter weliswaar groot en zeer gespierd is, maar niet bepaald een acrobaat, schreeuw ik tegen de Zweed: '*Run!*' De uitsmijter deinst even terug, probeert nog een keer te trappen, maar verliest zijn evenwicht, waardoor de jongen langs hem kan glippen en samen met mij de trap af rent.

Seconden later staan we in de drukke straat. Hij realiseert zich dat het helemaal mis had kunnen gaan en omhelst me snikkend. Maar zijn we nu veilig? Allerminst. Vanuit mijn ooghoek zie ik de woedende uitsmijter op ons afkomen. Hij kijkt zeer dreigend en zint op wraak. Maar ook hij lijkt te snappen dat een mes trekken midden op straat niet tot de mogelijkheden behoort: veel te veel getuigen. Oscar en ik lopen bij hem vandaan richting de grote weg, waar taxi's rijden. De uitsmijter volgt op enige afstand en lijkt zijn kans af te wachten. En die kans is aanstaande voor hem: de grote weg is veel rustiger qua voetgangers, minder ooggetuigen en mogelijk op dit moment even geen taxi's waar wij in kunnen springen.

'Niet nadenken en doorlopen,' zeg ik in het Engels hardop tegen mezelf en de jongen, die van zeer opgelucht nu weer angstig is geworden. Gelukkig is er meteen een taxi die stopt. De uitsmijter ziet dat we gaan ontsnappen en komt nu plotseling gevaarlijk dichtbij. Hij beveelt me met hem mee te komen, een stil steegje in. Ammehoela. De jongen en ik duiken de taxi in en zoeven weg, veilig de wijk uit.

Gek genoeg zorgt de oplichting bij de Zweed er kennelijk voor dat zijn onderdrukte dronkenschap weer de bovenhand krijgt. Lispelend vraagt hij of de taxi een straat verderop kan stoppen, want hij wil nog wel ergens een drankje doen. Ik kijk verbijsterd opzij en zeg hem dat we dat niet gaan doen. Hij moet als de sodemieter naar zijn vader. En ik bel mijn collega's (die inderdaad in het restaurantje onder die bar zaten te wachten en deels getuige waren van de calamiteiten) dat ik onderweg ben naar ons hotel en dat de uitzending in de pocket is.

7

De brief van Adolf Hitler

Oostenrijk, november 2022

Er zijn van die momenten in het leven van een journalist die je memorabel mag noemen. Ik herinner me nog scherp dat Patrick van der Eem zich in 2007 meldde met het verhaal dat Joran van der Sloot mogelijk de toedracht van de verdwijning van Natalee Holloway zou gaan onthullen tegen hem.

Of die keer dat we een tip kregen over een echtpaar in Baarn dat verdwenen was en waarvan het huis al geruime tijd werd bewoond door een vage kennis, die later de moordenaar bleek te zijn en die beide ontzielde lichamen onder het geitenhok van de plaatselijke kinderboerderij had begraven.

Maar er zijn momenten die dit niveau ruimschoots ontstijgen. Liever gezegd, er was onlangs een moment waarin mij iets ter ore kwam dat zonder twijfel alle voorpagina's van alle kranten in de hele wereld zou beheersen. Zóú beheersen, dus.

Het is een opmerkelijk warme novemberdag in 2022 als mijn zoon Joep, sinds kort mijn rechterhand, me op een mailtje in de mailbox voor tips wijst. 'Pap, lees deze eens. Gek verhaal, niet echt iets voor ons. Maar misschien toch even nabellen.'

De tipgever is een Nederlander die in Oostenrijk woont. Hij doet nogal geheimzinnig in zijn mailtje. Het gaat over een verontrustende brief die hij in een oud huis heeft gevonden. Een brief die – en nu citeer ik de mail – 'als deze echt is een groot stuk van de wereldgeschiedenis zal veranderen'. Hij rept ook over andere belangrijke documenten uit de Tweede Wereldoorlog en de jaren erna. De tipgever besluit dat dit misschien niet een typisch verhaal is voor een tv-programma over oplichters, maar dat hij toch als trouwe kijker mij had uitgekozen.

Ik besluit hem te bellen. Zou het zo iemand zijn die stoer doet, maar niks heeft? Daar hebben we er al genoeg van. Maar nee, Erwin blijkt een slimme, nuchtere man die zijn opwinding redelijk kan bedwingen. Hij vertelt en ik voel dat de spanning in mijn lijf toeneemt. Al vroeg in het gesprek loop ik van mijn bureau in de gezamenlijke redactieruimte – waar ook andere tv-programma's worden gemaakt bij ons productiebedrijf Banijay – naar een geïsoleerd 'rustig-bellen-hok'.

Het verhaal: Erwin heeft een Duitse vrouw en is vader van twee kinderen. Het stel heeft twee jaar geleden een groot stuk grond in een dorpje in Karinthië gekocht, niet ver van de Italiaanse grens. Op het stuk grond bevindt zich een oud, vervallen pand uit de achttiende eeuw. Veel te gammel om in te kunnen wonen.

Het stel laat een nieuw huis bouwen op een ander deel van het stuk grond en laat het oude pand nog even staan. Gaandeweg leert Erwin meer over de intrigerende geschiedenis van het oude huis. Het is ooit, meer dan honderddertig jaar geleden, de woning geweest van de plaatselijke burgemeester en uiteindelijk in bezit gekomen van de familie Rainer.

De familie van Friedrich Rainer, welteverstaan. Hij was een nazigouverneur in Karinthië en werd in mei 1938 door Hitler persoonlijk aangesteld als zogenoemde *Gauleiter*, twee rangen onder Hitler zelf. Rainer moest onder meer de annexatie van Oostenrijk – de Anschluss – begeleiden. Acht dagen nadat Hitler samen met zijn eega Eva Braun zelfmoord pleegde in de Führerbunker in Berlijn, vluchtte Rainer de bergen van Karinthië in, waar hij datzelfde jaar door Britse soldaten werd gearresteerd. Rainer is uiteindelijk in 1950 in Joegoslavië ter dood gebracht voor zijn aandeel aan de wandaden in het Derde Rijk.

Rainer, een hoge nazi dus.

Tipgever Erwin neemt eens rustig de tijd om het vervallen huis te inspecteren. Binnen blijkt het een behoorlijke bende. En hoewel de laatste bewoners – twee tantes van Friedrich Rainer – al zo'n vijftig jaar geleden stierven, staan er nog potjes jam van een halve eeuw oud op tafel. De nieuwe bewoner speurt verder, tussen de verrotte dozen, verroest keukengerei en afgebladderde muren. Er staan oude bedden met beschimmelde, halfvergane matrassen, vermolmde houten kasten, en overal hangt spinrag. Boven stuit hij op een tussenmuur; een soort knieschot. Nieuwsgierig wat daarachter verborgen ligt, wrikt hij de houten plaat opzij. Erachter weer veel troep: een lattenbodem, kastdeuren en een stel planken.

En een bruinleren tas. Het ding is ook half vergaan. Erwin

pakt hem op en opent hem. Er zit een dikke stapel documenten in. Oude documenten. In de gauwigheid ziet hij data tussen 1915 en 1973. Geïntrigeerd neemt hij ze mee naar zijn woning en begint erin te bladeren. Het zijn voor het overgrote deel brieven aan de dames Berta Antoniolli en Antschi Klein: de tantes van de beruchte nazi, de laatste bewoners van dit huis.

Opeens stokt Erwins adem. Zijn hand trilt een beetje, zo stel ik me dit moment voor. Hij realiseert zich meteen dat hij iets uitermate schokkends in handen heeft. Door deze brief zou inderdaad de geschiedenis van de twintigste eeuw voor een deel moeten worden herschreven, als het allemaal waarachtig en echt is.

Erwin licht zijn vrouw in en samen gaan ze op internet op zoek naar een journalist die hier verstand van heeft. Na lang speuren vinden ze een Britse documentairemaker. De Engelsman reageert opgetogen en vraagt om een scan van het document. En dan gaat hij plotseling dood. De brief blijft on-onderzocht.

Twee jaar gaan voorbij en dan – op die opvallend warme novemberdag in 2022 – schrijft Erwin uitgerekend míj een mail. Na ons telefoontje krijg ook ik een scan op hoge resolutie, van deze brief en van nog een aantal andere brieven. Ik open de scan van De Brief op mijn pc.

Midden boven prijkt een afbeelding van de bekende adelaar die een swastika in een krans met zijn poten vasthoudt. Eronder het briefhoofd van de Nationalsozialistiche Deutsche Arbeiterpartei, de NSDAP. Daaronder getypt, en ik zal voor de volledigheid alles letterlijk overnemen, de volgende tekst:

Führerhauptquartier, Ausweichstelle Buenos Aires

Ad.Hi./Ev.Br. An Frau Berta Antoniolli und
Frl. Antschi Klein.
Europe! Rosegg
Carinthia
Austria

Buenos Aires
Plaza y Sociedad
den 4.10.1950.

Betrifft: Führerpaketaktion

Ich habe es für meine Pflicht erachtet, nach Beendigung der vordringlichsten Aufgaben der Partei im Wiederaufbau in Argentinien mich sofort der Sorge um meine verdienten Parteigenossen und Parteigenossinnen anzunehmen, die mich in den Kampfjahren nicht verlassen haben.

Seit ich am 3.Mai 1945 in Argentinien aus dem U-Boot an den Strand des einzigen freien Landes der Welt seit dem Verluste meines Großdeutschen Reichs gestiegen bin, war mein unablässiges Sinnen und Trachten nur darauf gerichtet, meinen alten treuen Anhängern zu beweisen, daß ich sie nicht vergessen habe und ihr Glaube an mich nicht umsonst war.

Endlich bin ich der Lage die erste Führerpaketaktion durchzuführen. Unter den ersten, die ich bedenken kann, seid Ihr!

DER FÜHRER

Er half doorheen een handtekening. Het is er eentje met twee onderdelen. Links een letter die op een omgekeerde Z lijkt en rechts een krabbel die met een H begint en waar met enige fantasie 'Hitler' zou kunnen staan. Ik zoek met Google naar afbeeldingen van de handtekening van Hitler. Het is precies dezelfde. Ik realiseer me dat een handtekening van internet namaken eenvoudig is, maar dat in 1950 iemand dat alleen kon als die ook echt de handtekening van Hitler in handen had.

Als dit waar is, dan heeft Hitler dus geen zelfmoord gepleegd maar is hij aan het einde van de Tweede Wereldoorlog met een onderzeeboot naar Argentinië gevlucht.

Op het internet blijkt het vervolgens te wemelen van complotdocumentaires over Hitler die in Argentinië oud zou zijn geworden. Nergens is echter sprake van hard ondersteunend bewijs. Het zijn vaak verhalen van horen zeggen, van stokoude Argentijnen die beweren iets te hebben gezien.

Maar ik heb nu dus deze brief. Het zal toch niet...? Het spijkerharde bewijs dat Hitler en Eva Braun (die in de afkorting boven aan de brief Ev.Br. wordt genoemd) allang moesten zijn overleden, lijkt te ontbreken. Het echtpaar zou in de Führerbunker op 30 april 1945 zelfmoord hebben gepleegd, waarna hun lichamen in brand zijn gestoken. De Russen hebben na de overwinning op de nazi's de resten meegenomen naar Moskou.

Het zou nog tweeënzeventig jaar duren tot er meer zekerheid kwam. Pas in 2017 gaf Poetin aan Franse onderzoekers voor het eerst toestemming om de schaarse overblijfselen te bestuderen. De onderzoekers kwamen tot een hoge mate van waarschijnlijkheid dat het inderdaad om de botresten ging van Hitler en Eva Braun. Maar honderd procent zekerheid bleef altijd uit. Er is immers geen bron-DNA van de twee beschikbaar om mee te vergelijken.

Tussen de andere brieven die de tipgever had gemaild zat ook nog een brief van Kurt von Schuschnigg uit 1954. Von Schuschnigg was tot 1938 bondskanselier van Oostenrijk en woonde inmiddels in Amerika. 'Milwaukee, 1.12.1954' staat er boven aan de brief. Ook deze is geadresseerd aan de twee tantes van Rainer. De oud-bondskanselier wijdt uit waarom hij zo'n enorme pesthekel aan Hitler heeft en geeft er blijk van te weten dat deze inmiddels veilig in Argentinië zit ondergedoken.

Verder is er nog wat post van een advocaat die in een soort codetaal lijkt te schrijven. Het gaat over 'de koningin van Thailand' (Thailand heeft en had een koning) die moet worden bericht, en er worden recepten uitgewisseld met ingredienten die absoluut niet bij elkaar passen. Zeer opmerkelijk is dat de advocaat de twee dames eens per jaar, telkens op 3 december, een geheimzinnige brief vol raadselachtige aanwijzingen en opdrachten stuurt. Tot in de jaren zeventig.

En dan is er nog een bijzonderheid. In het dorpje in Oostenrijk waar onze tipgever deze documenten vond, en waar de familie Rainer woonde en waar de vermeende brief van Hitler achter een knieschot vandaan kwam, woonde ook een U-bootkapitein. Op zich al vreemd: een kapitein van een onderzeeër in een land dat nergens aan zee grenst. Maar de tipgever stuurt me een krantenartikel van jaren geleden waarin deze kapitein wordt geïnterviewd en waarin hij uitgebreid vertelt dat hij aan het einde van de oorlog nazi's naar Argentinië heeft gesmokkeld. 'Maar Hitler zat er zeker niet bij,' verzekert hij de lezer in het stuk.

Ik besef dat ik iets heel bijzonders in handen heb. Als eerste rij ik naar mijn vijfentachtigjarige vader. Ik moet dit met iemand uit die tijd delen, is op dat moment mijn sterke gevoel. Met iemand die het nieuws ook niet meteen op social media pleurt. Mijn oude vader dus. Hij is redelijk in shock, maar lijkt aan de andere kant de portee van de kwestie niet helemaal te overzien.

Ik bel daarom Hans Knoop, gevierd oud-journalist, en beroemd vanwege de Menten-affaire. In de jaren zeventig heeft Knoop oorlogsmisdadiger Pieter Menten in Zwitserland opgespoord. Hij is bovendien de vader van Lisette, een dierbare ex-collega van mij uit het team van Peter R. de Vries. Knoop reageert sceptisch, maar wil er toch wel naar kijken. Op zijn advies neem ik contact op met het NIOD, het Nederlands Instituut voor Oorlogsdocumentatie. Ook daar een zeer terughoudende reactie. Maar ook daar toch wel graagte om de brieven te mogen zien. Ten slotte neem ik contact op met een forensisch onderzoeksbureau waar een specialist in handschriften en handtekeningen werkt.

Ik besef dat de journalistieke opwinding in één klap gesmoord kan gaan worden. Maar ja, grondig factchecken is nu eenmaal het allereerste wat je moet doen. Überhaupt natuurlijk, maar in deze zaak als geen andere.

Precies een week duurt de opwinding. Fake... Natuurlijk is het nep. Anders had je dit verhaal niet hier gelezen als hoofdstuk in een boek over avonturen en belevenissen achter de schermen. Dan wist je dit allang uit de eindeloze bespiegelingen in kranten en bij nieuwsrubrieken. Wereldwijd. Ach, journalistiek. Mooi en ontluisterend tegelijk.

Nadere bestudering van de documenten brengt een aantal ontnuchterende zaken aan het licht. Ten eerste is de handtekening – hoewel zeer goed gelijkend en gezet door iemand die kennis van zaken had en destijds niet kon googelen – zeker niet van Hitler zelf. De H is te breed, de letters te ver uit elkaar en er zitten minuscule haperingen in die verraden dat de maker niet zijn eigen handtekening zette, maar dus eentje van iemand anders.

Dan blijkt het gebruikte nazipapier weliswaar authentiek, maar afkomstig van de vrouwenafdeling van de Oostenrijkse NSDAP, van het kiesdistrict Klagenfurt, om precies te zijn. Die verduivelde tantes waren dus zeer waarschijnlijk zelf de briefschrijvers.

Met een zwaar gemoed bel ik Erwin, de tipgever. Hij is hoorbaar uit het veld geslagen, maar toont zich een man met een goed hart. Erwin realiseert zich namelijk hardop dat het goed is dat we in dit stadium hebben ontdekt dat het allemaal niet waar is en dat een documentaire maken met een spannende opbouw, maar een onbevredigend einde over zoiets gevoeligs als dit, onnodig wonden kan openrijten.

Erwin heeft in het dorp gehoord dat de twee tantes alom bekendstonden als fanatieke nazi's. Onze conclusie is dat zij een soort mythe in het leven hebben willen roepen en daarvoor zelf ondersteunend bewijs in elkaar hebben geflanst. Een laatste fascistische stuiptrekking die tot in de jaren zeventig heeft geduurd en daarna in een leren tas is gestopt en met oude troep achter een schot is beland, waar het vervolgens een halve eeuw heeft gelegen om daarna te worden gevonden.

8

De Australische politie een loer gedraaid

Perth, augustus 2010

De lucht is strakblauw en de temperatuur aangenaam mild. Het is augustus, dus hartje winter. We (in dit geval mijn collega Chantal, Peter R. de Vries, cameraman Marco en ik) rijden de wijk Subiaco binnen. Subiaco is een tamelijk gegoede voorstad van de West-Australische gemeente Perth, naar het schijnt de meest geïsoleerde stad op de planeet. Adelaide is op ruim 2700 kilometer afstand de eerstvolgende stad. Even ter vergelijking: dat is de afstand van Amsterdam naar Istanbul.

Goed. We rijden dus Subiaco in. Hier woont een zekere Daniel Ross, de reden van onze reis naar deze uithoek. Ross wordt verdacht van de moord op de Nederlandse backpackster Mariska Mast. Hij zou haar hebben vermoord in 2008. Dat gebeurde helemaal aan de andere kant van de wereld, op het eiland Roatan in Honduras. Mariska was daar neergestreken en volgde een duikcursus bij Ross. Op zeker moment was ze ten val gekomen in het appartement van Ross, waarna de Australiër haar naar een ziekenhuis bracht. Maar er waren verdachte omstandigheden en Ross werd opgepakt.

Hangende het onderzoek werd hij echter op vrije voeten gesteld. Hij mocht het eiland niet af en moest wachten tot zijn rechtszaak zou beginnen. Maar Ross bleek een dubbele nationaliteit te hebben en bezat een Brits plus een Australisch paspoort. Bij zijn ontslag uit detentie was hem alleen zijn Britse paspoort afgenomen. De verdachte besloot van de gelegenheid gebruik te maken en het verdere vervolg van zijn berechting in Honduras niet af te wachten.

Met zijn Australische paspoort lukte het hem het land te ontvluchten naar Australië, waar hij inmiddels alweer bijna twee jaar woonde. En waarschijnlijk zonder dat iemand in zijn omgeving ook maar iets wist van de vreselijke geschiedenis in Honduras. Honduras wilde echter nog altijd zijn uitlevering, maar omdat Australië met dat land geen verdrag heeft, was de zaak nooit in de openbaarheid gekomen. Ross stond wel op de lijst van Interpol en kon dus moeilijk reizen. De verdachte waande zich inmiddels waarschijnlijk volkomen veilig in het verre, geïsoleerde Perth.

Het geeft altijd een wat onbestemd gevoel in je onderbuik als je op het punt staat iemands leven volkomen overhoop te halen. Daniel heeft inmiddels een relatie, hadden we begrepen, en misschien al een kind. De macht die je als journalist hebt om dat allemaal te ruïneren voelt ongemakkelijk. Zelfs slecht. Maar aan de andere kant moet je op zo'n moment natuurlijk niet vergeten dat behalve justitie in Honduras vooral – en bovenal – ook de familie van het slachtoffer naar antwoorden snakt. Antwoorden die hij moet hebben. En uiteraard – maar dat hoef ik hier niet uit te leggen – maken we een reportage over deze zaak, en dan mag een confrontatie met de enige verdachte niet ontbreken. Dat spreekt voor zich.

Intussen hebben we een hotline met een Australische privédetective. Hij heeft het adres van Ross voor ons achterhaald en probeert de man elders in de stad in het vizier te krijgen. Ross zou bij een sportveld zijn, is de nieuwste informatie. Intussen rijden wij de straat waar Ross woont in en positioneren onze auto op een strategische plek voor zijn huis; een mooie rijtjeswoning in een rustige, doodlopende straat. We stappen uit en staan bij een braakliggend stuk grond te wachten, achter een muurtje – alsof Ross of diens vrouw of een kennis alarm zou slaan als we gezien zouden worden. Onzin natuurlijk, maar het is een automatisme om niet te opvallend te doen.

Na een poosje belt de privédetective. Ross is gespot en rijdt in de richting van zijn huis. Hij zit samen met een vrouw in de auto. Ik voel mijn hart in mijn keel kloppen. Hoe stoer je ook doet als misdaadverslaggever, dit blijven gewoon spannende momenten. Ten eerste krijgen we binnen de komende minuten een voortvluchtige moordverdachte in het vizier, ten tweede zijn we voor dit moment met zijn vieren (businessclass in die tijd nog; iets wat Peter uit eigen zak betaalde voor zijn crew) helemaal naar Australië gevlogen. Dat is ook voor mij als regisseur – die immers onder meer moet zorgen dat alles goed wordt vastgelegd – een druk op de schouders. Ten derde is het erg spannend hoe hij zal gaan reageren. Al deze zaken flitsen door mijn hoofd als Ross met zijn auto de weg in draait. Hij parkeert pal achter onze auto, waar Marco filmend in zit, en stapt uit. Met Chantal en Peter loop ik op hem af. Bewust laten we Marco onopvallend in de auto zitten, om Daniel niet op de kast te jagen.

Hij kijkt verrast en schudt Peters uitgestoken hand. Maar als Peter vertelt dat we Nederlandse journalisten zijn en hem willen spreken over Mariska Mast, verandert zijn vragende glimlach. Met een ruk trekt hij zijn hand terug, kijkt als door een adder gebeten en stapt terug achter het stuur. Zijn verbaasde vriendin of vrouw was nog niet eens uitgestapt. Met piepende banden rijden ze weg.

We hebben niks. Van opperste spanning verandert ons gemoed nu in teleurstelling en frustratie. Zonder item op zak (want hiermee kun je met goed fatsoen niet thuiskomen) druipen we af. Onze privédetective, die nog niet gespot is, blijft posten. Ooit zal Daniel toch wel weer thuiskomen, is de redenering.

En inderdaad. Een paar uur later worden we in ons hotel gebeld dat hij alsnog is gearriveerd. We rijden voor de tweede keer naar de woning in Subiaco en bellen aan. Nou ja, we kloppen aan, want Daniel heeft geen deurbel.

Zoals gevreesd wordt er niet opengedaan. In plaats daarvan verschijnt er niet veel later een politieauto in de straat. De moordverdachte heeft dus de politie gebeld. Niet om zich lankmoedig over te geven, maar om bescherming in te roepen. Tegen ons. De wereld op zijn kop, uiteraard. Het geeft blijk van Daniels gevoel van onaantastbaarheid hier, duizenden kilometers van de plaats delict. We leggen de agenten uit wat er aan de hand is en dat we een verdachte op een presenteerblaadje willen aanleveren.

Verbaasd lopen de dienders naar de woning, waar ze meteen worden binnengelaten. Even later verschijnen ze weer. Er is om assistentie gevraagd. Wederom niet om de man te arresteren en uit te leveren, maar om hem juist tegen ons te beschermen. Een politieman met een hogere rang arriveert even later en legt ons uit dat Daniel recht op privacy heeft. Dat wij niet maar steeds op zijn erf mogen komen, en of we even willen meelopen naar zijn dienstauto, 20 meter verderop.

Het is te belachelijk voor woorden, maar nu gebeurt er iets wat lijkt op een een-tweetje tussen Daniel en de dienders. Als wij op veilige afstand bij die politiechef staan – die nu voor de tweede maal onze paspoorten wil checken – zien we dat de moordverdachte onder toeziend oog van de eerste twee agenten in zijn auto glipt en vlug wegrijdt.

Gelukkig heeft Marco alles vanuit onze auto onopvallend gefilmd. We gaan boos terug naar ons hotel. En daar gebeurt iets wat niet in de uitzending zat, maar wat ik nu elf jaar later eindelijk wel durf te verklappen.

We bekokstoven een listig plan, waarmee we hopen dat de Australische politie en Daniel Ross allebei in hun eigen zwaard zullen vallen. Dat plan leunt op de hier onbekende beroemdheid van Peter in Nederland. De politiemannen hadden ons er die middag op gewezen dat we ons schuldig maakten aan *trespassing*: ongeoorloofd iemands privéterrein betreden. Er is ons verzekerd dat als we tweemaal een sommatie om te vertrekken negeren, we de derde keer zullen worden gearresteerd.

Wat nou als Peter en Chantal morgen teruggaan en weer op de deur kloppen? Daniel kennende zal hij weer de politie bellen. En als zij dan de drie sommaties die onherroepelijk volgen gewoon negeren en worden gearresteerd? Als Marco en ik dan uit het zicht in een auto op afstand blijven en alles stiekem filmen, terugrijden naar het hotel en de Nederlandse pers inlichten dat Peter R. de Vries in Australië is opgepakt? Niet zomaar, maar omdat hij een voortvluchtige moordenaar had opgespoord en die om wederhoor wilde vragen.

Ik zou dan – er is immers een opsporingsbelang – ook het adres plus een foto van Daniel Ross delen. We rekenen erop dat dit groot nieuws zal worden in Nederland en binnen de kortste keren zal overslaan naar Australië, waar de Australische pers er uiteraard ook meteen op zal duiken. Ross zal dan niet meer te maken hebben met een wat hinderlijke, onbekende journalist uit een ver land in zijn achtertuin. Nee, hij zal zijn voltallige vaderlandse pers op zijn stoep treffen. En de politie zal opeens pijnlijk geconfronteerd worden met haar eigen domme actie, en de beknotting van de persvrijheid die ook in Australië geldt.

Met dit snode plan rijden we de volgende dag weer naar het huis van de verdachte. Het gaat precies zoals verwacht. Voor het oog van onze draaiende camera stappen Peter en Chantal met ingehouden triomfantelijkheid het erf van Ross op. Peter heeft een brief in zijn hand, met daarin een uitleg van onze aanwezigheid en een paar vragen over Ross' vermeende betrokkenheid bij de dood van Mariska Mast. Het enige wat Peter wil – zo leggen we later in de voice-over aan de kijker uit – is die brief aan Ross overhandigen. Journalistieker kan natuurlijk niet.

Op werkelijk alle fronten pakt ons plan goed uit. Peter en Chantal kloppen op het raam en nog een keertje op de deur. Er wordt (uiteraard) niet opengedaan. En ja hoor: binnen de kortste keren rijdt wederom net als de vorige dag braaf de politie de straat in. Marco en ik zien van een afstandje dat Peter nurks weigert gehoor te geven aan de oproep om te vertrekken. Ze mogen zich zelfs niet eens in een straal van een halve kilometer van de woning van de verdachte ophouden, zo wordt hem nu officieel medegedeeld. Alsof we een volkomen onschuldige burger aan het stalken zijn. Peter draagt een zendertje, dus het wordt allemaal keurig opgenomen. Koren op onze molen, maar dat beseffen de agenten nog niet. Als Peter de derde maal ook geen gehoor geeft aan het verzoek, worden hij en Chantal geheel volgens protocol ingerekend en afgevoerd naar het bureau.

Stap twee treedt nu in werking. Marco en ik rijden naar ons hotel en ik bel verontwaardigd het ANP dat zojuist in Perth Peter R. de Vries is gearresteerd en in de cel zit. Het wordt gretig genoteerd en meteen op het net gezet, want na een half-uurtje krijg ik de eerste belletjes van kranten, radio- en tv-programma's. Het werkt als een tierelier. In Nederland is Peters arrestatie groot nieuws, en nu beginnen ook Australische kranten en tv-stations te bellen.

De derde stap treedt in werking. De autoriteiten in Down Under schrikken zich helemaal het leplazarus. Ze hebben zojuist het paard van Troje binnengehaald, realiseren ze zich. Werkelijk alle kranten en alle tv-stations staan de volgende morgen voor het politiebureau om Peter en Chantal op te wachten, die na een nachtje cel worden vrijgelaten. Peter oogt aangedaan en vertelt (oprecht) verontwaardigd over de moordverdachte, en zegt dat hij verbaasd is over de wijze waarop justitie in dit land ermee is omgegaan. Ook de persvrijheid is nogal in het geding, betoogt Peter.

En Daniel Ross... Die moet zijn hooghartigheid bekopen met landelijke bekendheid. De halve straat staat vol met journalisten en cameraploegen die een glimp willen opvangen van die beruchte crimineel die zo onopvallend een nieuw leven wist op te bouwen in hun achtertuin.

9

Het magische blauwe dak

Nairobi, december 2017

Het is retespannend. We rijden in een taxi door Koinange Street in Nairobi, de hoofdstad van Kenia. Daar doemt een hoog flatgebouw op; dat moet de Franse ambassade zijn. Daarnaast zou een klein gebouwtje met een blauw dak moeten staan. Het pand met het blauwe dak heeft voor ons inmiddels een bijna mythische status bereikt. En nu zijn we er amper 200 meter van verwijderd.

Als tv-maker ben je voortdurend bezig met formats bedenken. Nieuwe programma's of invalshoeken om je bestaande programma beter, actueler of totaal anders te maken. Want sleetsheid is killing.

Zo kreeg ik enkele jaren eerder de inval iets te doen met internetoplichting. Dat is een snel om zich heen grijpend fenomeen. In de cybercriminaliteit gaat inmiddels meer geld om dan in de wereldwijde drugshandel, hoorde ik een deskundige eens zeggen op tv. En inderdaad, iedereen heeft ermee te maken. En veelvuldig ook. Elke week krijg ik wel een berichtje van 'de Belastingdienst' of 'KPN' of 'de Rabobank' met het verzoek mijn gegevens ergens in te vullen. Ik ben zo goochem om dat nooit te doen, maar je zou ze de kost moeten geven die erin trappen en vervolgens gehackt worden, hun bankrekening zien leeglopen, gijzelsoftware binnenhalen en noem alle ellende maar op.

En wat te denken van alle datingscams, erfenissen van Afrikaanse prinsen die niet bestaan maar waarvoor eindeloos notariskosten moeten worden betaald en WhatsApp-fraudeurs die zich presenteren als de wanhopige zoon wiens telefoon is gecrasht en aan mama om wat geld vragen om snel een nieuwe te kunnen kopen. De voorbeelden zijn eindeloos.

Het fnuikende is dat de politie eigenlijk nooit iets doet. Of kan doen. De daders zijn digitaal onvindbaar door omgeleide VPN-verbindingen, zitten sowieso vaak in verre landen waar Nederland op juridisch vlak geen afspraken mee heeft, of gebruiken katvangers die zelf geen idee hebben voor wie ze hun bankrekening ter beschikking stellen. Bovendien zijn de straffen voor internetoplichting relatief laag, waardoor het voor de opsporingsautoriteiten niet loont om er erg veel energie in te steken.

Massa's slachtoffers en evenzoveel daders die nooit gepakt worden. En de politie moet zich noodgedwongen richten op preventie. Waarschuwende voorlichtingscampagnes dus. Saai en onbevredigend terrein voor de avontuurlijke journalist. Want zeg nou zelf: al die tv-programma's die dit onderwerp aanstippen eindigen steevast met een politievoorlichter die de kijker ernstig aankijkt en bij gebrek aan beter wat tips geeft om het een volgende keer te voorkomen.

Hoe leuk zou het daarentegen zijn om zo'n eeuwig anonieme internetoplichter wel te achterhalen en gewoon brutaal bij hem (het zijn inderdaad meestal mannen) aan te bellen! En zo dus de ploert een gezicht te geven. Het slachtoffer krijgt er waarschijnlijk zijn of haar geld niet mee terug, maar dat is ook het geval bij die duffe standaard voorlichtingsreportages. Met mijn plan kun je ten minste laten zien wat en wie er nou precies schuilgaat achter dat nepmailtje van de bank of die zogenaamde heroïsche Amerikaanse militair in Afghanistan die voor zijn doodzieke zoontje een vliegticket moet hebben en even niet bij zijn geld kan vanwege de oorlog. En – zeer belangrijk – genoegdoening voor de gedupeerde. Dat is een niet te onderschatten factor.

Mijn idee voor een nieuw format zag er als volgt uit. We zien een slachtoffer dat bij de politie tegen een muur liep en in een openhartig interview met mij de schandelijke oplichting uiteenzet waarvan hij of zij de dupe werd. De kijker wordt duidelijk gemaakt wat dit financieel en psychisch heeft aangericht. Dat laatste aspect weegt vaak zwaar. Want anders dan bij een gewone inbraak in je huis – waarbij je ook niet weet wie er door je slaapkamer sloop en je sieraden weggriste – heb je hier te maken met een dief die zich heel gluiperig voordeed als je vriend, je liefje, een man in nood of een behulpzame bankmedewerker. Iemand in wie je je vertrouwen hebt gelegd.

Vervolgens verschijnt een digitaal genie in beeld, een nerd, die vanachter zijn computer het digitale spoor naar de dader stukje bij beetje feilloos blootlegt. Tot aan diens voordeur, waar dan ook ter wereld. Ten slotte zien we mij het vliegtuig in stappen, het digitaal gevonden spoor in de fysieke wereld volgen en ter plaatse bij de boef aanbellen, waarna ik hem uiteraard onverschrokken confronteer.

Voilà. Een nieuw tv-programma. Niet eerder vertoond!

Wat zou dit mooi zijn.

Ik heb vervolgens gezocht naar die nerd die dit huzarenstukje kon leveren. Dat bleek nogal een queeste. De een na de ander passeerde de redactie. En – zonder namen te noemen – niet de minsten. Ze werden allen te licht bevonden; niemand speelde het namelijk klaar. De beste kwam niet verder dan een IP-adres van een oplichter ergens in Rusland; iets waar je geen bal aan hebt als de boef zo slim is (en dat is hij) om een VPN-omleiding te gebruiken. Kansloos.

Echt?

Nee. Want op een mooie dag belde ene Danny. Hij reageerde niet eens op een oproep, want we hadden de moed al opgegeven. Ik was gedoemd om me tot in den treure met een volle portemonnee en een verborgen camera in toeristische oorden te laten beduvelen.

Maar toen belde Danny dus. Hij deed een beetje arrogant, eerlijk gezegd. Hij vertelde – zonder te weten dat we hier eerder al mee bezig waren geweest – dat hij eventueel wel van dienst zou kunnen zijn als wij ooit eens internetoplichters willen ontmaskeren.

Ik herinner me nog scherp dat ik meteen dacht: daar heb je er weer zo eentje. Ik zei dat volgens mij ook zelfs tegen hem. 'Jij bent nummer zoveel. Hoe wil je dat doen? Of kom je ook niet verder dan een onbetrouwbaar IP-adres?'

Danny liet zich echter niet uit het veld slaan: 'Nee, hoor. Ik kan dat. Ik kan wel iets verzinnen waardoor ik zie waar die boef z'n telefoon is.'

Ik was opeens wakker. 'Dan kun je dat mooi laten zien in een concrete testcase,' zei ik uitdagend. Het toeval wilde namelijk dat ik een dag ervoor een dame aan de lijn had die slachtoffer was geworden van een internetscam. Ze was via een datingsite verliefd geworden op de niet onaantrekkelijke Canadese kapitein van een groot vrachtschip dat nabij de Filippijnen voer.

En geloof het of niet: het vrachtschip werd niet veel later, precies tijdens hun ontluikende romance, bruut gekaapt door een stel rücksichtslose Somaliërs. Gelukkig kon de knappe kapitein nog wel bij zijn telefoon en bleef het internet het onberispelijk doen aan boord. Het liep dus enigszins anders dan bij Tom Hanks in de film *Captain Phillips.*

De kapers moesten geld hebben en de arme kapitein kon niet terecht bij zijn rederij. Ook niet toen het schip aanmeerde in Kenia en hij werd gegijzeld op een kamer in het verre, onbekende Nairobi. De ernstig bezorgde Nederlandse dame maakte een paar duizend euro over. Nou ja, overmaken: ze moest het geld via betaalservice Western Union verzenden naar een van de kapers in de Keniaanse hoofdstad.

Eigenlijk meteen na de transactie daalde het besef in dat het misschien helemaal niet ging om een ontvoerde kapitein, maar om een oplichter die een toneelstukje in scène had gezet, gebruikmakend van een profielfoto van heel iemand anders die er niets mee te maken had. Gewoon een boef in Nairobi dus, waar het geld immers ook heen moest.

Ik kon niks met dit verhaal. Kón, want misschien bood die

Danny toch soelaas. Dit was een uitgelezen kans om hem zijn kunsten te laten vertonen. In overleg met het slachtoffer droeg ik de gegevens aan hem over. Ook het telefoonnummer, een Canadees mobiel nummer. Inmiddels weet ik dat je overal ter wereld een telefoonnummer van elk land naar keuze kunt aanschaffen. Maar toen vond ik het nog een belangrijke aanwijzing dat het misschien om een echte Canadees ging.

Danny deed zich via WhatsApp met verve voor aan de 'kapitein' als de nog altijd verliefde dame uit Nederland, en toonde zich bereidwillig om opnieuw aan de wensen van de gijzelnemers te voldoen: meer geld overmaken. En toen gebeurde er iets magisch. Hij lokte de gegijzelde – en voor zijn zogenaamde ontvoerders geld vragende – kapitein via zijn telefoon uit zijn tent en 'zag' binnen een uur waar hij (of in elk geval zijn telefoon) zich bevond. Het was een tot op 5 meter nauwkeurige gps-locatie, op Google Maps precies onder een blauw dakje vlak naast de Franse ambassade in Nairobi. Op zo'n moment voel je een tinteling van pure opwinding. De kapitein van de profielfoto transformeert in een boef die van onder dat blauwe dak zijn laffe werk verricht. Een aanstaande ontmaskering die nooit eerder is vertoond op tv!

En nu draaien we dus in Nairobi vanaf de Koinange Street de Market Street op. Rechts passeren we de ambassade. Links van ons is een groot parkeerterrein. En het volgende moment vergeet ik niet snel. Daar, voorbij de ambassade, een pand met een blauw dak, duidelijk zichtbaar vanaf de straat. En zo wordt opeens midden in Afrika de digitale wereld van het computerscherm in Amsterdam voor onze ogen stoffelijk. Grote opwinding maakt zich van ons meester. Ik dirigeer onze taxichauffeur, die geen idee heeft wat we aan het doen zijn, naar de naastgelegen parkeerplaats.

In mijn opwinding gebeurt er vervolgens iets zeer onlogisch in mijn hoofd. Omdat ik niet herkend mag worden, vraag ik mijn collega Kim met een verborgencameratas een kijkje te gaan nemen bij het gebouw met het blauwe dak waar de boef een week geleden nog zat, en waar hij nu vast ook nog wel zal zitten, neem ik voor het gemak maar aan. Het onlogische is natuurlijk de gedachte dat boeven mij zullen herkennen en meteen de benen nemen als ze me zien; iets wat hier natuurlijk nooit zal gebeuren. Het is beslist geen overschatting van mijn eigen bekendheid, maar eerder een domme reflex. Maar goed, die arme Kim moet er dus aan geloven, en daar gaat ze. Minuten tikken weg.

Als ze terugkomt, roep ik opgewonden en vol verwachting te hard door het autoraam: 'En?' De ontnuchtering is groot. Het pand blijkt een soort elektriciteitscentrale te zijn, waar een paar werkmannen bezig zijn. Was onze boef misschien een van de werkmannen? Was de val van Danny nep?

Dan realiseer ik me iets vreselijks. In mijn opwinding over het feit dat we opeens een locatie hadden, waarna we dus pardoes naar Kenia waren gevlogen, hadden we een belangrijk detail vergeten. Hoe ziet de boef er eigenlijk uit? En waar is hij nú? We hadden wel een naam en een telefoonnummer. De naam is uiteraard de persoon die in het toneelstuk van de zogenaamde kapitein de gijzelnemer speelt en op wiens naam het geld via Western Union dient te worden overgemaakt. In mijn oneindige naïviteit had ik gedacht dat deze informatie plus een eenmalige opgezochte locatie wel voldoende zou zijn om af te reizen. Voilà, het gevaar van een programma dat honderd procent op reality leunt.

In blinde paniek bel ik Danny. Hij reageert tamelijk gelaten: 'Ik probeer nog wel wat. Waarschijnlijk was hij te kort online voor een zuivere gps-locatie. Dan kan het wel een paar honderd meter afwijken.' Een paar honderd meter? Opeens is de boef weer even ongrijpbaar als hij was toen het slachtoffer in zijn val liep. In een straal van een paar honderd meter lopen zomaar tweehonderd mannen met een telefoon in hun hand, die het allemaal kunnen zijn.

Maar Danny laat zich niet uit het veld slaan en belooft me nieuw spektakel. Hij heeft nog steeds – alsof hij het slachtoffer is – contact met de 'kapitein' en die vraagt elke keer om geld om de gijzelnemers te betalen. Opnieuw verricht Danny een nepbetaling en verstopt in de bevestiging via WhatsApp aan de boef een locatieverklikker, die wederom eenmalig gedurende een paar seconden zijn positie verraadt. Binnen een halfuur hapt hij. Danny stuurt vanuit Nederland naar mij via WhatsApp een code, die vanzelf doorlinkt naar Google Maps. De boef zit 200 meter verderop.

En zo zijn we opeens weer volledig scherp. Het is twee minuten hiervandaan en blijkt een flatgebouw van acht verdiepingen te zijn. Een kantoor. Er lopen mensen in en uit. Vrijwel allemaal met een telefoon in de hand. De moed zinkt me weer helemaal in de schoenen. We zijn terug bij af. Want hoe dicht bij we ook bij de boef zijn, het kan elke Afrikaan met een telefoon die hier loopt zijn. De locatie die Danny uitpeilde is plotseling waardeloos. Het is namelijk een momentopname, je kunt niet iemand net als in een computergame met een vinkje boven zijn hoofd live blijven volgen. Alleen als hij op het linkje in zijn telefoon tikt om te kijken of er al geld is overgemaakt zien we drie seconden waar hij is.

Het wordt al donker en het kantoor loopt leeg. Tientallen mensen komen de centrale ingang nu uit lopen. Ik kan wel janken.

Dan ziet Kim opeens dat er aan de zijkant van het gebouw een internetcafeetje zit. Dat zou nog weleens uitkomst kunnen bieden. We hadden al eens gelezen dat internetoplichters vaak gebruikmaken van anonieme internetcafés. Daar kunnen ze ongestoord de wifi gebruiken om hun werk doen. Kim gaat er weer op uit. Zou ze binnen iemand druk op zijn mobiel zien typen? Zou ze over zijn schouder kunnen meelezen en Danny's appjes zien? Dat zou werkelijk te mooi zijn om waar te zijn. Het ís ook te mooi om waar te zijn.

Kim rapporteert na een halfuurtje dat er in totaal een stuk of twaalf mannen in en uit lopen, dat ze allemaal op hun telefoon of op een van de pc's zitten en dat ze niets verdachts lijken te doen, maar dat het uitermate lastig inschatten is. Wel hoort ze gestommel boven.

Ze had gedaan alsof ze de toiletten zocht en per ongeluk op de verdieping erboven belandde, om ook daar te gaan kijken. Best dapper trouwens in Nairobi, terwijl de avond al valt, in een door enkel mannen bevolkt internetcafé in een wijk waar waarschijnlijk nooit een toerist komt. Boven stuitte ze op een deur waarachter zich ook een soort internetcafé leek te bevinden. Maar die deur zat op slot. Was dit een geheime plek waar alleen oplichters toegang toe hadden?

Die reis naar Nairobi slingert ons de hele tijd heen en weer tussen hoop en vrees. Doodvermoeiend en ook best stressvol als je verantwoordelijk bent voor een programma dat volledig op jou (op mij dus) leunt.

Tijd voor plan B. En dat is naar de politie gaan. Inmiddels hadden we onze steeds nieuwsgieriger wordende taxichauffeur bijgepraat en hij kende iemand bij de politie. Een beetje bezorgd – want hoe gaat de politie in dit mediaschuwe land om met journalisten – lopen we de volgende ochtend een politiebureau in de buurt van ons hotel binnen. Een verbaasde baliemedewerker roept er een chef bij en hij vraagt me vriendelijk wat ik helemaal vanuit Europa bij hem op het bureau kom doen.

Ik zeg niet dat ik journalist ben en leg uit dat een kennis van mij is opgelicht en dat ik via een handige vriend heb uitgevogeld waar de oplichter zich ongeveer moet bevinden. Bovendien kan ik nu zijn telefoonnummer plus zijn naam aan de politie overhandigen; de naam waarheen het geld via Western Union elke keer gestort moet worden.

Verrassend enthousiast wordt mijn relaas aangehoord. Je ziet duidelijk aan het gezicht van de commandant dat hij het leuk vindt om eens iets heel anders dan de gebruikelijke terroristische aanslagen te mogen onderzoeken. Vol enthousiasme beent hij zijn kantoortje uit en komt binnen een paar minuten terug met maar liefst vijf dienders, die hij opdraagt om mij 'zo goed mogelijk' te helpen in de zoektocht naar de boef.

Nog geen uur later sta ik met het groepje uiterst vriendelijke agenten – in burger uiteraard – voor het internetcafé. Maar waar is de boef? Dat hij hier gisteren was, wil natuurlijk nog niets zeggen over waar hij vandaag is. Hij heeft sindsdien nergens meer op geklikt.

De politiemannen gaan naar binnen, terwijl wij op een parkeerplaats in de buurt wachten. Na een vol uur staan ze weer bedremmeld buiten: de boef lijkt hier niet te zitten. Ze hebben de uitbater gevraagd of die de naam van de oplichter herkende, maar nee.

Hij weet het natuurlijk heus wel, bedenk ik, maar onze boef is uiteraard een heel grote jongen die boven in die geheime, afgesloten kamer tonnen omzet voor dit internetcafé. Of zoiets.

Tijd voor een conclaaf. Samen met de bijzonder schrandere politiemannen bedenken we dan een ronduit briljant plan.

Stel nou dat we het slachtoffer naar hem laten appen dat het niet is gelukt om weer geld over te maken. (Er wordt nu met grote spoed 500 euro gevraagd voor de zogenaamde gijzelnemers, die op het punt staan de kapitein te vermoorden.) Ze appt vervolgens dat ze nu haastig het geld cash in een envelop heeft gestopt en met een DHL-koerier naar het eerste het beste hotel in Nairobi (ons hotel uiteraard) heeft gestuurd. Op de buitenkant van de envelop heeft ze haar eigen naam plus de naam en het telefoonnummer van de gijzelnemer geschreven. Dan hoeft hij zich slechts te melden bij de receptie in de lobby en te zeggen dat er een envelop voor hem klaarligt.

Ik houd van de politie in Nairobi. Wat een topidee! Samen met de politiemannen gaan we naar ons hotel in de stad. Onderweg stoppen we bij een winkel in kantoorspullen, kopen een grote envelop, proppen er als vulling wat papier in en schrijven er met een zwarte dikke stift de naam van de boef op – de naam die het slachtoffer telkens moest invullen voor de Western Union-transacties – plus het telefoonnummer waarmee de boef whatsappt. Bovendien de naam van het slachtoffer als afzender.

Bij de receptie van het hotel heeft een van de politiemannen een onderonsje met de receptionist. Er wordt begripvol geknikt; de receptionist werkt mee. Hij pakt onze envelop van de politie aan en legt hem achter zich in een postvakje. Natuurlijk werkt de receptionist mee; het is immers de politie die het vraagt, opdraagt zelfs.

Intussen hebben we een hotline met het slachtoffer in Nederland. Heeft de boef – die dus tegenover haar de rol vervult van gegijzelde kapitein – al gereageerd op het bericht dat het geld naar ons hotel is verstuurd?

Dat heeft hij inderdaad. Hij heeft geantwoord dat het een dom plan is, en dat hij natuurlijk niet zomaar vrij door Nairobi kan wandelen om geld voor zijn gijzelnemers ergens bij een hotel te gaan oppikken. Hij wil het overduidelijk via de vertrouwde betaaldienst van Western Union hebben. Maar de centen zijn al met de spoedpost van DHL onderweg naar Nairobi. Dus het is een kwestie van take it or leave it.

Op ons advies reageert het slachtoffer vanaf nu niet meer op de berichtjes van die arme kapitein annex internetoplichter. Maar het blijft stil in ons hotel. Er melden zich geen verdachte figuren. Uren verstrijken en de vijf politiemannen in de lobby beginnen toch wat ongeduldig te worden. Dit kost ze zo een hele dag, terwijl elders in Nairobi – een van de crimineelste steden ter wereld, niet voor niets schertsend vaak aangeduid als Nairobbery – hun hulp uiteraard meer nodig is.

Dan is er weer een ingeving van de politie, die gerust opnieuw briljant genoemd mag worden. Een van de agenten in burger pakt de (uiteraard lege) envelop van de receptionist en belt het telefoonnummer van de boef dat erop staat. Hij belt hem gewoon rechtstreeks op.

Er wordt opgenomen. Met een neutrale stem hoor ik de politieman zeggen: 'Met de receptionist van het Best Western Hotel. Vandaag is hier door DHL met grote spoed een envelop vanuit Nederland bezorgd. Uw telefoonnummer en uw naam staan erop. Indien u de envelop niet binnen een uur ophaalt, zal hij worden weggegooid.'

Het werkt. Na een halfuur verschijnt er een nogal shabby man bij de receptie; een zeer atypische klant van dit hotel. Wij zitten nog steeds in spanning in de lobby te wachten. De hotelmedewerker wenkt met een veelzeggende blik een van de politiemannen. Binnen een minuut is de man in de boeien geslagen en zit hij op een bankje voor mijn neus.

Hij blijkt een illegaal in Kenia verblijvende Nigeriaan te zijn en hij is inderdaad de zogenaamde gijzelnemer van de kapitein. De internetoplichter dus; de eerste cybercrimineel die we een gezicht hebben kunnen geven. Een bijzonder moment. Een nieuw televisieformat is zojuist geboren. Danny perfectioneert zijn val gedurende de jaren die volgen nog een aantal maal, zodat we eerst foto's via de selfiecam van de oplichters krijgen en later zelfs bewegend beeld.

De rest van het verhaal is bekend.

10

Op de vlucht voor persmuskieten

Lima, september 2010

Met piepende banden scheurt ons busje door de straten van Lima. We komen net uit de beruchte Miguel Castro Castro-gevangenis en willen als de sodemieter naar ons hotel, waar we veilig zijn voor de horde journalisten die ons achtervolgt.

Een kleine week eerder waren we in de Peruviaanse hoofdstad gearriveerd met Beth Holloway, de moeder van de vijf jaar eerder spoorloos verdwenen Natalee. 'We' is in dit geval de crew van het programma van Peter R. de Vries.

Onze reportage was begonnen in het plaatsje Bremen in de Amerikaanse staat Alabama en zou via Lima eindigen op het strand van Aruba, de plek waar Natalee Holloway op 30 mei 2005 verdween. Een tamelijk kostbare reis, zoals die in de tijd van Peter wel vaker gemaakt werden.

Destijds was het reisgezelschap aanmerkelijk groter dan het team waarmee ik nu voor mijn eigen programma's op pad ga. We deden drie bestemmingen aan met geluids- en cameraman, productie, Peter en ik, en natuurlijk Beth Holloway plus een vriendin van haar, Libby. Zodoende zou Beth zich niet te eenzaam gaan voelen tussen al die voor haar onbekende, Nederlands sprekende mensen tijdens een toch wel emotionele trip. En dat zou het zeker worden.

Joran van der Sloot, die vijf jaar eerder betrokken was bij de verdwijning van Natalee Holloway, zat inmiddels vast in een cel in Lima vanwege de moord op Stephanie Flores. Deze zaak is op navrante wijze verbonden aan de verdwijning van Beths dochter.

In de geruchtmakende undercoveroperatie in 2007 met Patrick van der Eem had Joran onthuld dat Natalee in zijn armen op het strand van Aruba onwel werd en even later dood leek. En dat hij toen een vriend had benaderd met wie hij het levenloze lichaam in een bootje ver de zee op voer en daar overboord gooide. Maar Natalee's lichaam was nooit meer gevonden. En dat vormde een verdienmodel voor Joran. Dit klinkt gek, maar is echt zo.

Laat ik even de zaak in een juist kader plaatsen. Joran is nooit meer vervolgd voor de verdwijning van Natalee. Hij was destijds in 2005 zeventien jaar oud, dus minderjarig, en had feitelijk alleen bekend dat hij medeplichtig was aan het wegmaken van een lichaam. Dat is iets waar in zijn specifieke geval slechts een lichte straf van maximaal een halfjaar celstraf op stond. Waarschijnlijk niet voldoende voor justitie op Aruba om een hele zaak inclusief een nieuwe wereldwijde persstorm voor op te tuigen.

Joran was er dus mee 'weggekomen', en in hem ontlook de jaren erna een opportunist zonder geweten. Tegen betaling liet

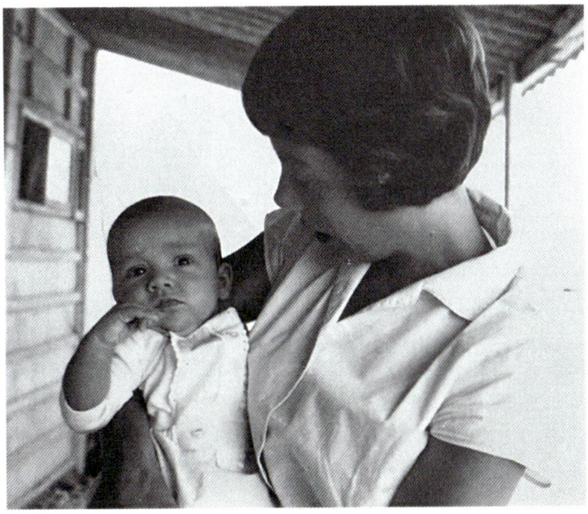

Met mijn moeder voor de barak in de kibboets.

Met mijn zus op de Suriname-rivier.

Buddy, een van mijn helden bij de MAF.

Al op jonge leeftijd droomde ik in Suriname van de avonturen die zouden komen.

'Dit mag ik nooit vergeten. Hier moet ik nú van genieten.' De bocht in de rivier Rusizi uit het voorwoord.

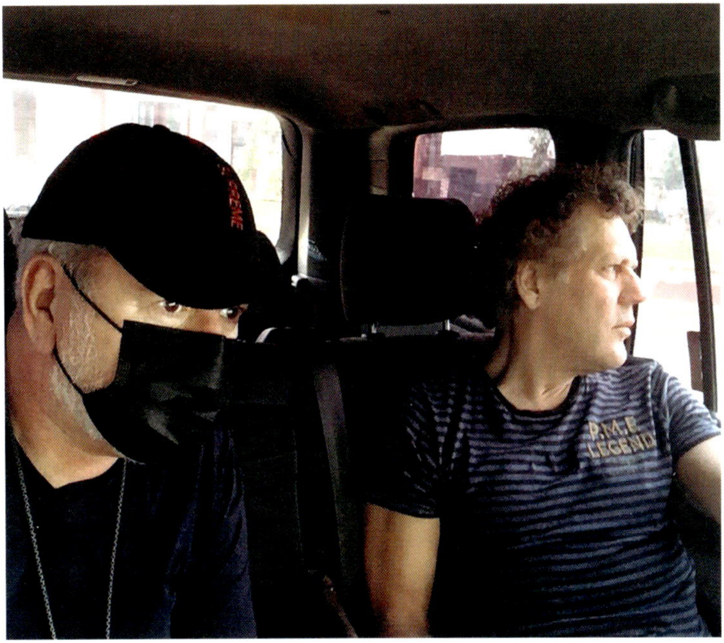

Met Joep posten in Bamenda, bij het DHL-kantoor uit hoofdstuk 1.

Het smerigste hotel ter wereld, uit hoofdstuk 1.

In Kiev in betere tijden voor Oekraïne, hoofdstuk 2.

Er is weinig magisch aan het wachten op een vliegveld.

In Nigeria heb je politiebescherming nodig.

Gelukkig bij het zwembad geen kalasjnikovs in Nigeria.

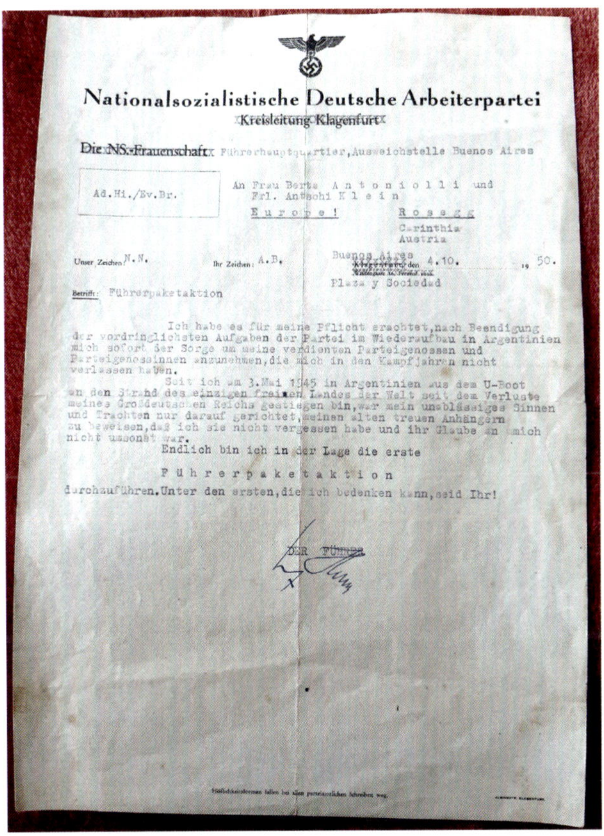

Nationalsozialistische Deutsche Arbeiterpartei

~~Kreisleitung Klagenfurt~~

~~Die NS.-Frauenschaft~~ Führerhauptquartier, Ausweichstelle Buenos Aires

Ad.Hi./Ev.Br.

An Frau Berta A n t o n i o l l i und
Frl. Antschi K l e i n
E u r o p e ! R o s e g g
Carinthia
Austria

Unser Zeichen: N.N. Ihr Zeichen: A.B. Buenos Aires ~~Klagenfurt~~, den 4.10. 1950.
Plaza y Sociedad

Betrifft: Führerpaketaktion

Ich habe es für meine Pflicht erachtet, nach Beendigung der vordringlichsten Aufgaben der Partei im Wiederaufbau in Argentinien mich sofort der Sorge um meine verdienten Parteigenossen und Parteigenossinnen anzunehmen, die mich in den Kampfjahren nicht verlassen haben.

Seit ich am 3.Mai 1945 in Argentinien aus dem U-Boot an den Strand des einzigen freien Landes der Welt seit dem Verluste meines Großdeutschen Reichs gestiegen bin, war mein unablässiges Sinnen und Trachten nur darauf gerichtet, meinen alten treuen Anhängern zu beweisen, daß ich sie nicht vergessen habe und ihr Glaube an mich nicht umsonst war.

Endlich bin ich in der Lage die erste

F ü h r e r p a k e t a k t i o n

durchzuführen. Unter den ersten, die ich bedenken kann, seid Ihr!

~~DER FÜHRER~~

De vermeende brief van Adolf Hitler, uit hoofdstuk 7.

'Make it happen.' Wachten op de hulptroepen op het politieterrein van Owerri, hoofdstuk 11.

Met Peter R. in Oeganda op reportage en op patrouille, hoofdstuk 12.

Presenteren met zicht op de rest van Cyprus, hoofdstuk 13.

Onderweg van Noord-Cyprus naar huis.

In Lagos kun je beter vrienden blijven met de politie, hoofdstuk 18.

Op The Walk of Fame in LA verdringen de superhelden elkaar om met je op de foto te gaan voor geld, hoofdstuk 19.

Kees in Cali, Colombia, in augustus 2022. Beroep: avonturier.

– de vóór onze uitzending altijd zwijgende – Joran zich nu opeens links en rechts tegen aanzienlijke vergoedingen openhartig interviewen. Telkens kwam er nieuwe verklaring uit zijn mond. Natalee was mogelijk verhandeld, haar lichaam lag ergens op een geheime plek begraven, noem maar op. Het gevolg van deze opmerkelijke exercitie was dat geen enkel verhaal uit zijn mond nog geloofwaardig klonk, met als ultiem gevolg dat ook de betrouwbaarheid van onze uitzending met Patrick van der Eem in twijfel werd getrokken. En zo had de geslepen Joran zijn doel bereikt.

Veel mensen leken te zijn vergeten dat hij in ons programma voor het eerst sprak over de verdwijning. Niet tegen betaling, maar vertrouwelijk in de beslotenheid van een auto tegen een in zijn ogen goede vriend, gefilmd door een verborgen camera. Dit werd onderdeel van een legendarische uitzending waar ruim 7 miljoen mensen naar keken. De verklaring die Joran voor de verborgen camera gaf, was in lijn met de bevindingen van de Arubaanse politie. Maar door Jorans wispelturige gedrag tijdens de talloze interviews erna was nu ook dit verhaal bezoedeld.

Afijn, de jaren na de verdwijning waant de inmiddels volwassen Joran zich steeds onaantastbaarder en schrijft hij zelfs een boek over de zaak, met daarin uiteraard geen enkele belastende zin over zijn eigen vermeende betrokkenheid bij Natalee's verdwijning. Joran belandt langzaam maar zeker in het criminele milieu. In 2008 duikt hij bijvoorbeeld plotseling op in Bangkok, waar hij zich bezig blijkt te houden met het opzetten van een handel in Thaise prostituees naar Nederland. Ook dit wordt haarfijn door onze verborgen camera's vastgelegd, waarop

Joran zich ijlings terugtrekt en in de anonimiteit verdwijnt.

Tot begin 2010. De inmiddels tweeëntwintigjarige Van der Sloot meldt zich via een e-mail rechtstreeks bij Beth Holloway, de moeder van Natalee. Waarschijnlijk is zijn geldhonger, ingegeven door een vrij hardnekkige gokverslaving, zo groot dat hij het laatste greintje fatsoen is verloren. Hij meldt Beth dat hij Natalee op een geheime plek op Aruba heeft begraven en dat hij nu bereid is om openheid te geven. Beth moet daarvoor 250.000 dollar betalen; een onwaarschijnlijk schofterige actie jegens de nog immer wanhopige moeder van het nog altijd vermiste meisje.

Beth is in shock en licht de Amerikaanse autoriteiten in. Op advies van de FBI maakt ze een voorschot van 25.000 dollar over. De FBI zal vanaf dat moment in het geheim elke beweging van Joran gaan volgen, is het plan. Ook maar het minste kansje op meer duidelijkheid wordt aangegrepen en Joran is nu onder controle. Bovendien – niet onbelangrijk – kan Joran nu ook vervolgd gaan worden wegens afpersing.

Maar dan gebeurt er iets onvoorziens. Als de FBI Joran zoals voorgenomen daadwerkelijk wil gaan volgen, is hij opeens niet meer op Aruba. Hij is net op tijd met het geld van Beth naar Peru vertrokken, waar hij in de hoofdstad Lima driftig aan het gokken slaat. Eind mei 2010, vijf jaar na de verdwijning van Natalee, belandt hij aan een roulettetafel in het Atlantic Casino in de wijk Miraflores naast een jongedame. De twee raken aan de praat. Joran verliest die avond grof, terwijl die leuke dame naast hem juist wint. De naam van de gelukkige roulettespeelster: Stephanie Flores.

Joran versiert haar, troont haar mee naar zijn hotel, en uitgerekend op 30 mei, op de dag af vijf jaar na Natalee's verdwijning, vermoordt hij Stephanie, steelt haar bezittingen en rijdt in haar auto weg naar de grens met buurland Chili. Daar loopt hij tegen de lamp en wordt ingerekend. De rechter veroordeelt Joran tot achtentwintig jaar celstraf. Na het uitzitten van deze straf zal hij in Amerika worden vervolgd voor de afpersing van Beth Holloway.

En zo zijn we weer bij Beth, met wie we nu door Lima sjezen, achternagezeten door een horde perswagens. Het doel van ons bezoek aan Lima was een ontmoeting tussen Beth en Joran arrangeren. Lastig natuurlijk, want Joran zit immers in de cel. Maar wel voor een heel andere zaak. We hadden het via de koninklijke weg geprobeerd, dus gewoon toestemming vragen aan de autoriteiten, maar we stuitten op een muur van bureaucratie.

Peter kreeg daarop een plan. Wij kenden toevallig een Nederlandse diplomaat uit deze regio die ons eerder achter de schermen uitstekend had geholpen in een heel andere zaak. En zoals dat in die dagen nog ging: Peter liet de man de volgende dag eenvoudig invliegen vanuit Costa Rica, waar hij op dat moment bleek te zitten.

Vervolgens deed de man in een middagje zijn diplomatentrucjes en ziedaar: diezelfde avond werden Peter en ik ontboden bij een hoge Peruviaans parlementariër. Ik weet het niet meer helemaal zeker, maar volgens mij was hij de minister van Justitie of van Binnenlandse Zaken.

De man woonde in een potsierlijke woning en keek vanuit zijn woonkamer neer op een deel van Lima. In zijn woonkamer stonden minstens tachtig Mariabeelden. Peter en ik namen plaats op een bank met zo veel sierkussens dat er slechts een klein randje overbleef om te kunnen zitten. De parlementariër hoorde aandachtig ons verhaal aan over de verdwijning van Natalee en over Beth die door Joran was afgeperst en nu de kans hoopte te krijgen om hem op de man af te vragen wat hij precies met haar dochter had gedaan.

De hoge pief, omringd door de vele verschijningsvormen van de Heilige Maagd, fronste zijn wenkbrauwen en zweeg. Hij was aangedaan. Het verhaal van die wanhopige moeder greep hem zichtbaar aan. Hij herpakte zich vlug, greep resoluut de telefoon en begon in het Spaans iemand met overslaande stem geëmotioneerd de les te lezen. Het gesprek eindigde met een voor ons onverstaanbare scheldkanonnade.

Na een paar minuten legde hij de hoorn op de haak, zoals dat met ouderwetse telefoons gaat, en keek ons strak aan. 'Dat was de directeur van de gevangenis. Morgen om twee uur zal hij Joran op zijn kantoor ontbieden. Beth mag daar bij zijn. Jullie moeten je om twaalf uur melden en krijgen dan een uur de tijd om camera's in de directiekamer te verstoppen.'

Dat was niet aan dovemansoren gericht!

De volgende ochtend vroeg gingen onze camera- en geluidsman de stad in op zoek naar makkelijk te verstoppen cameraatjes, en stipt om twaalf uur meldden we ons aan de poort van de beruchte Castro Castro-gevangenis. Het personeel van de gevangenis herkende zowel Peter als Beth meteen. Peter was immers enkele jaren eerder voor een reportage over hun beroemdste gevangene in New York onderscheiden met een Emmy Award. Het was alsof er twee Hollywood-sterren de gevangenis betraden.

De directeur zelf ontving ons vrij korzelig. Hij had waarschijnlijk eerst wat gesputterd tijdens het telefoontje van de hoge regeringsman de vorige avond en had daarna de tirade over zich heen gekregen waarvan wij getuige waren geweest.

We bouwden vijf cameraatjes in: achter een gordijn, in een rookmelder, in een kastje met een rookglazen front, naast een beeldje in een kast en in een lamp. Peter en ik namen plaats in een belendend kantoortje en luisterden met een koptelefoon naar wat het zendertje dat bij Beth onder haar kleding was verstopt opving. We hoorden dat Joran binnenkwam, hoorbaar schrok en dat Beth vervolgens iets heel anders deed dan wat wij verwachtten.

In plaats van hem in ferme taal toe te spreken en nu voor eens en voor altijd volkomen helderheid te eisen, sloeg ze dicht. De getraumatiseerde vrouw wist het kennelijk even niet meer en begon hem met overslaande stem te smeken om met haar te praten. IJskoud zei Joran vervolgens dat ze zich voor informatie over de verdwijning maar tot zijn advocaat moest wenden. Die zin herhaalde hij enkele malen, waarop een beveiliger hem weer afvoerde.

Als een gebroken vogeltje bleef Beth achter met de directeur. Ze had gedaan wat ze op dat moment kon doen. Het was goed. Joran zou toch niets gezegd hebben. Haar doel, nog eenmaal in de ogen van haar kwelgeest kijken, was bereikt.

In tegenstelling tot voor Joran, gingen kort erna voor ons de gevangenisdeuren gewoon open. Een beetje duf van de emoties liepen we in het felle zonlicht vanaf een binnenplaats naar de buitenste poort, waarachter ons busje met chauffeur stond te wachten. Maar ons busje was lang niet meer het enige busje.

We werden verrast door een horde journalisten. Tv-camera's draaiden als hongerige hyena's richting de plotseling verschijnende prooi. Personeel van de gevangenis had de pers ingelicht, dat kan niet anders.

We hadden geen zin om commentaar te geven, dus we zetten het zonder iets te zeggen op een rennen naar ons busje. De journalisten holden smekend om commentaar achter ons aan. In het busje lag een dekentje. Peter gooide het over zichzelf en Beth heen en samen maakten ze zich klein. De camera's tikken tegen het glas, terwijl ons busje achteruit steekt. Het enige wat ze nu nog kunnen vastleggen is een verschrikte crew en een dekentje met twee bobbels eronder op de achterbank. De chauffeur geeft vol gas.

En nu scheuren we dus door de stad, met de lokale pers in ons kielzog. Het gaat met hoge snelheid, net als in de film. Soms via een stoep, een enkele keer tegen het verkeer in en vaak door rood. De chauffeur begrijpt de situatie en belt een maat. Hij heeft een plan.

Minuten later, als hij door het gaspedaal heel diep in te trappen even buiten het zicht is van onze achtervolgers, duikt hij een nauw zijstraatje in. Daar staat een taxi klaar. Met piepende remmen komen we ernaast tot stilstand. De zijdeur van ons busje zwaait open en Peter en Beth duiken onder hun dekentje vandaan zo de taxi in. Vliegensvlug verdwijnen ze om de hoek.

Precies op dat moment krijgen de achtervolgers weer zicht op ons. Het is gelukt. Ze blijven achter ons busje rijden, en nu kruip ik snel onder het dekentje. Nog steeds volledig in zijn rol als opgejaagd wild lokt onze chauffeur de zwerm persmuskieten behendig via een omweg naar ons hotel, waar Peter en

Beth inmiddels door een achteringang veilig zijn gearriveerd.

Als ons busje voor de hoofdingang van het Crowne Plaza in Lima tot stilstand komt en de schuifdeur langzaam opengaat, hoor ik van onder mijn dekentje dat zich driftige voetstappen en klikkende camera's in een halve cirkel om me heen verzamelen. In spanning en met een zeker gevoel van triomf wachten ze nu op het moment dat Peter en Beth zich gewonnen zullen geven. Nooit eerder was collega's naaien zo leuk. Tergend langzaam til ik het dekentje op. Het klikken neemt vormen aan die je weleens hoort op de rode loper in Hollywood of tijdens het jaarlijkse persmoment van de koninklijke familie op de piste in Lech.

In één snelle beweging gooi ik nu de deken van me af en staar in de plotseling diep teleurgestelde gezichten van het verzamelde journaille. Met een grijns stap ik uit en wandel zwijgend zonder dat er nog één camera klikt tussen de starende vakbroeders door naar binnen, waar ik die avond met Beth en Peter een welverdiend wijntje drink. Morgen vertrekken we weer. Naar Aruba.

11

Ooggetuige van een gijzeling

Niger-delta, september 2018

Met een kort schokje raken de wielen de landingsbaan van het vliegveld van de stad Port Harcourt in Nigeria. Dit is de eerste keer in dit land en meteen moeten we in het riskantste deel zijn: de Niger-delta. De plek waar ontvoeringen aan de orde van de dag zijn, waar alle westerlingen uitsluitend onder zware beveiliging kunnen reizen, de plek waar gigantische hoeveelheden olie uit gesaboteerde pijpleidingen zomaar de jungle in stromen, waar vrijheidsstrijders vechten voor de onafhankelijke staat Biafra en waar het grootste vliegveld van de Niger-delta – dit vliegveld – op nummer één staat op de bedenkelijke ranglijst 'Most Corrupt Airports in the World'.

Tot nu toe hadden we dit land altijd gemeden. Eerlijk gezegd durfden we er niet zo goed heen. Een stap te ver om zulke risico's te nemen om een oplichter te vangen; waarschijnlijk de kleinste crimineel in de wijde omtrek. Maar nu zijn we hier dan toch.

Het ging om een vrij eenvoudige zaak. Een Nederlandse dame was via internet een aardige militair uit Amerika tegengekomen. Hij was gelegerd in Afghanistan en had na enig heen en weer geschrijf aangegeven even wat geld nodig te hebben om zijn doodzieke zoontje te kunnen bezoeken. Daar bleef het (uiteraard) niet bij en uiteindelijk had de dame al haar spaargeld erdoorheen gejast toen ze te laat besefte dat het hoogstwaarschijnlijk niet om die vriendelijke militair ging, maar om een oplichter. Wij hadden (uiteraard met hulp van onze wizard Danny) pijlsnel vastgesteld dat de militair in kwestie in werkelijkheid een jonge gast uit het Nigeriaanse stadje Owerri betrof, op ongeveer 100 kilometer ten noorden van Port Harcourt. Wat had ons alsnog doen besluiten om zo roekeloos deze kant op te gaan, voor een relatief eenvoudige oplichtingszaak?

Ik maak een tv-programma over oplichting, en dan vooral internetoplichting. Nigeria mag worden beschouwd als de bakermat van de internetoplichting. Hiervandaan werden in de jaren tachtig al de eerste handgeschreven brieven naar het Westen gestuurd over steenrijke Afrikaanse prinsen die waren gestorven en die een gigantische erfenis hadden nagelaten – de beruchte scam waarbij de willekeurig gekozen zogenaamde begunstigde telkens nieuwe kosten moest ophoesten voor notarissen, advocaten en bankmedewerkers, en waarbij uiteraard de miljoenenerfenis nooit werd uitgekeerd.

Met de opkomst van internet kwamen daar talrijke nieuwe vormen van oplichting bij. De bekendste is wel de *love scam*, waarbij met gestolen profielfoto's op westerse datingsites wordt geprobeerd in het gevlei te komen van wanhopig naar liefde hunkerende dames en heren. Die liefde wordt vervolgens digitaal beantwoord en na een poosje ontstaat een emotionele afhankelijkheid waarbinnen met succes geld gevraagd wordt voor een zieke moeder, een schoolgaand kind of een levensreddende operatie.

Dit soort oplichting wordt uitgevoerd door zogenoemde Yahoo-boys, vernoemd naar de bekende internetzoekmachine uit het begin van deze eeuw. In Nigeria zelf wordt de oplichting overigens '419' genoemd. Dit is een verwijzing naar het artikel uit het Nigeriaanse wetboek van strafrecht dat toeziet op valsheid in geschrifte. In het land zelf zie je trouwens dat dit soort criminaliteit ook de eigen bevolking treft. Op veel Nigeriaanse woningen staat met grote letters gekalkt: 'NOT FOR SALE, BEWARE OF 419'. Het blijkt dat er veel oplichting in het land is rond de verkoop van woningen, waarbij een corrupte notaris en een makelaar samenspannen en met vervalste documenten een woning verkopen die helemaal niet te koop staat. Zo diep is de corruptie ingesleten in het land. Het moge duidelijk zijn: wie pretendeert een programma te maken over internetoplichting, zal toch een keer de stoute schoenen moeten aantrekken en naar Nigeria moeten gaan.

Zo gezegd, zo gedaan.

Het Lufthansa-toestel taxiet naar de aankomsthal en de piloot meldt met duidelijk Duitse tongval vrij droogjes: 'Welcome to Port Harcourt', met de nadruk op de laatste 't'. Het vliegtuig stopt even later voor een in het donker gehuld gebouw. We stappen uit en ik snuif de Nigeriaanse atmosfeer diep op. Dit deel van Afrika ruikt naar houtskool en een flinke dot kerosine, omdat we nu eenmaal op een vliegveld zijn. En wat voor vliegveld.

Het gebouw blijkt de vertrekhal te zijn, ernaast staat een

tent: de aankomsthal. Binnen wacht ons een bonte verzameling geüniformeerde medewerkers op. Daarmee bedoel ik douaniers, luchthavenmedewerkers, militairen en van alles daartussenin. Het verwarrende is dat de ene je met een hartelijke glimlach begroet, waarna nummer twee je een zeer strenge blik toewerpt. Je weet totaal niet waar je aan toe bent. Of toch wel?

Een lange, dunne man in uniform roept me uit de rij: 'Hebt u een cadeautje voor me meegenomen uit Duitsland?' vraagt hij zonder enige gêne. We waren in Hamburg overgestapt. Een collega komt er snel naast staan: 'En voor mij ook, graag.' Achter hen hangt een groot bord met de tekst: 'HELP US FIGHT CORRUPTION.'

De komende anderhalf uur wordt me duidelijk waarom dit de meest corrupte luchthaven ter wereld moet zijn. Er is namelijk niet één medewerker niet corrupt. Daarmee win je dus altijd, natuurlijk.

Ze willen allemaal geld. Tot aan het ophalen van de koffers toe. Dat gebeurt hier niet geordend via een lopende band, nee, in Port Harcourt International Airport is er in de tent een klein hoekje ingericht waar de koffers zo uit de buik van het vliegtuig op een hoop worden gekeild. Ernaast staat een man – uiteraard in uniform gestoken – die de tags op de boardingpassen controleert en daarbij de corresponderende koffer opzoekt. Een enorme klus, natuurlijk. En ja, ook hij verlangt een kleine donatie. 'Voor mijn vrouw die te veel boodschappen doet.'

Het is al avond en we zullen de eerste nacht in een veilig hotel in deze stad verblijven. Het hotel regelt dat we van het vliegveld worden opgehaald. Dat is fijn, maar ook noodzakelijk, want zomaar een taxi pakken schijnt levensgevaarlijk te zijn. Port Harcourt laat zich volgens de verhalen het best omschrijven als een chaotisch rovershol. En als de luchthaven – normaliter toch een visitekaartje van een land – daar een voorbode van is, wil ik dat graag geloven.

Maar wij, cameraman Joep en ik, zijn nu nog tamelijk onwetend. Bij de uitgang stuiten we op een krioelende mensenmassa. Tussen de menigte staat een vrolijk kijkende man met een bordje met daarop geschreven 'MR SPEK'. De chauffeur van ons hotel dus. Ik been opgetogen op hem af, maar als hij doorkrijgt dat ík Mr Spek ben, verandert zijn opgewekte blik onmiddellijk. Hij verkeert nu in staat van paniek. Ik zie het gebeuren en vraag bezorgd wat er aan de hand is. 'Jullie zijn wit!' luidt het antwoord.

De man legt ons uit dat dit hem bij het hotel niet was gemeld, en dat hij de klus zeker niet had aangenomen als hij had geweten dat we Europeanen zijn. Het is nu avond en het wemelt hier van de criminelen die azen op een westerling om te kunnen gijzelen en om dan het bedrijf waarvoor hij werkt om losgeld te vragen. Gewone toeristen tref je hier nooit. Het zijn alleen maar medewerkers van bedrijven als Shell. En die worden – net als de crew van de luchtvaartmaatschappij – onder bewapend escorte van het vliegveld naar hun hotels gereden.

Ik probeer de situatie te relativeren door tegen de bezorgde taxichauffeur te zeggen dat dit in ieder geval niet het werkgebied is van de gevreesde islamitische terreurorganisatie Boko Haram. Hij lacht zuinigjes en zegt: 'Hier is het veel erger. Geloof me. Boko Haram-strijders zijn milder en hebben tenminste nog een motivatie om je te ontvoeren. Hier is daarvan geen sprake, behalve geld.'

Joep en ik nemen na wat gemor van de chauffeur toch plaats achter in zijn taxi. Buiten is het inmiddels pikdonker en de ramen achterin zijn verduisterd. We rijden weg. Ik pak mijn telefoon, een stomme gewoonte, en meteen bijt de chauffeur me over zijn schouder toe: 'Geen telefoon! Dan zien ze door het licht van het scherm in je gezicht buiten dat ik Europeanen vervoer. Levensgevaarlijk!'

Een beetje weggedoken, en uiteraard met onze telefoons in onze zak, rijden we de nacht in. Er gebeurt niets bijzonders en een uurtje later stoppen we voor een enorm ommuurd complex, voorzien van rollen prikkeldraad en lange banen schrikdraad. Een enorme metalen poort met scherpe punten schuift elektrisch open. We brengen geen bezoek aan een kazerne en ook niet aan het hoofdkantoor van de Nigeriaanse geheime dienst. Dit is ons hotel.

Er komt een man in uniform naar buiten die een bezorgde blik in onze auto werpt. Een tweede man maakt zich los uit de schaduw van de muur. Met een spiegel aan een stok en een lamp onderwerpt hij de onderzijde van onze taxi aan een minutieus onderzoek. Hij wordt gevolgd door een hond. Na een paar minuten knikt de man met de spiegel naar bewaker nummer drie, die het hek bedient. We mogen verder. En zo rijden we de relatief veilige zone van onze nachtelijke verblijfplaats binnen. Joep en ik bestellen een biertje en kijken elkaar aan: waar zijn we aan begonnen?

Na een rustige nacht reizen we de volgende morgen verder, naar de provinciestad Owerri, ongeveer 100 kilometer noordelijker. Bij de receptie van ons hotel vraag ik om een taxi die ons erheen kan brengen. Zonder een spier te vertrekken meldt de receptionist het bedrag plus twee maal 70 dollar voor de beveiliging. Na gisteravond stel ik geen vragen meer, en binnen een uur zitten we in een taxi inclusief twee in uniform gestoken politiemannen: eentje voorin en eentje achterin, naast Joep en mijzelf. Beide heren zijn bewapend met een shotgun. Zwijgend verlaten we het hotelterrein.

De weg naar Owerri ziet er op Google Maps vrij normaal uit, maar schijn bedriegt. Want hoewel de afstand normaliter in anderhalf uur moet zijn te overbruggen, geeft de navigatie-app aan dat we er drieënhalf uur over zullen doen. En dat is niet vanwege de files. Dat komt doordat er elke 3 kilometer een roadblock is opgeworpen, waar je moet stoppen voor een inspectie. De hele 100 kilometer lang. Dus zeker dertig wegversperringen, meestal in de vorm van een over de helft van de weg gelegde boomstam, met ernaast wat zandzakken en een groepje militairen.

Onze zwijgzame beveiligers vertellen dat er twee duidelijke oorzaken zijn voor deze blokkades: ten eerste om te voorkomen dat je ver kunt komen als je iemand gijzelt en ten tweede om geld te verdienen. De militairen blijken voor een paar briefjes van duizend naira, omgerekend ongeveer tien euro, een stuk minder alert op gijzelingsacties...

Joep en ik zijn des te alerter en eerlijk gezegd ook redelijk angstig, want dit zijn trajecten waar wekelijks gijzelingen plaatsvinden. En in de ogen van een stel op geld beluste guerrilla's vormen wij natuurlijk een vette kluif. Wie zegt dat die twee politiemannen te goeder trouw zijn? In Nigeria geldt het wrange adagium: als je hier als westerling wilt rondtrekken, moet je een gids inhuren voor je eigen veiligheid. Een tweede gids is vervolgens noodzakelijk om te voorkomen dat nummer één foute vriendjes langs de weg inseint dat je eraan komt, en ten slotte is er een nummer drie noodzakelijk om ervoor te zorgen dat nummer één en twee niet samenspannen tegen jou.

Automatisch zitten Joep en ik wat ineengedoken op de achterbank achter de geblindeerde ramen van onze taxi. Na een stuk of tien roadblocks – waarbij inderdaad afwisselend geld wordt gevraagd en toch ook scherp wordt gelet op de bedoelingen van onze chauffeur plus beveiligers – dringt er langzaam maar zeker een penetrante benzinelucht door in de taxi. Eerst denk ik dat onze auto een lekke brandstofleiding heeft, maar dan wijst de politieman die voorin zit naar buiten. Daar aan de rand van de jungle, aan de overkant van de weg, ligt een enorme tankwagen op zijn kant. Het moet net gebeurd zijn, want er staat alleen nog maar een man naast, waarschijnlijk de chauffeur die met de schrik vrijkwam. Hij rookt een sigaretje.

In het voorbijrijden zien we dat er in de romp van het gevaarte een gat is geslagen van zeker 1 meter doorsnede. De complete inhoud – dat zal veertigduizend liter benzine zijn – golft rechtstreeks de jungle in. Onze beveiligers plus chauffeur kijken alweer recht vooruit, alsof dit tafereel tot de gewone dagelijkse dingen behoort in dit deel van de wereld.

Joep en ik zijn nog maar net van onze ontzetting bekomen of we zijn getuigen van een volgende angstaanjagende gebeurtenis. Het is amper 200 meter na een roadblock, weer schuin links voor ons, aan de overkant van de weg. Er maakt zich een gedaante los uit het struikgewas in de berm. Het is een man, gestoken in een legeruniform met zwart-witte camouflageprint. Maar het is geen soldaat van het leger. In plaats van een helm draagt hij een bandana met dezelfde print. In beide handen tilt hij dreigend een kalasjnikov boven zijn hoofd. Schreeuwend en zwaaiend rent hij recht op ons af. Joep en ik kijken elkaar verschrikt aan: nu is het afgelopen, we worden gegijzeld.

Kennelijk ziet de man in een flits dat er een politieman met een shotgun op de voorstoel zit. Onze chauffeur geeft vol gas en de man met de mitrailleur rent vlak langs onze optrekkende taxi naar de auto achter ons. Die kan niet anders dan stoppen. De twee politiemannen zijn nu ook gespannen. Ze kijken achterom en zien dat zich daar een heuse gijzelingsactie ontwikkelt. In plaats van in te grijpen en de onfortuinlijke passagiers van die auto te redden, gebaren ze met een felle handbeweging naar onze chauffeur dat hij extra gas moet geven. Joep en ik kijken ook achterom tot een bocht in de weg ons het zicht ontneemt. We zijn door het oog van de naald gekropen.

Na inderdaad ongeveer drieënhalf uur rijden en vele controles komen we veilig aan in het Protea Hotel in Owerri, ook weer een zeer streng beveiligd complex.

Die avond hebben we bezoek. Het is Bond, een man die ik enkele jaren ervoor in buurland Benin had leren kennen voor een aflevering van het programma *Graf Zonder Naam*. Het betrof destijds een zaak van een in Amsterdam gestorven bolletjesslikker uit Afrika. De dode had geen identiteitsbewijs op zak en zodoende lag hij in een anoniem graf op begraafplaats Sint Barbara aan de Spaarndammerdijk. Samen met de politie waren we er na intensief speurwerk achter gekomen wie zijn familie was. De onbekende dode bleek zeer waarschijnlijk uit een Nigeriaans gezin te komen en verbleef vlak voor zijn fataal geëindigde reis bij een oom in buurland Benin. Ik had contact gezocht met die oom en die had op zijn beurt weer een vermeende broer van de dode vanuit Nigeria laten overkomen. Deze broer, die na DNA-onderzoek ook werkelijk de broer van de onfortuinlijke bolletjesslikker bleek te zijn, is dus Bond.

Bond beschouwde mij na de identificatie van zijn verdwenen broer nu ook als lid van de familie. Hij woonde in een dorpje tussen Owerri en de grens met buurland Kameroen, een overbrugbare afstand, en bovendien had hij de beschikking over een stevige fourwheeldrive; geen overbodige luxe in dit deel van het land. Bond was zeer opgetogen dat hij ons kon helpen. Hij vond het leuk om mij weer te zien en ik bood hem ook een welkome financiële meevaller door hem goed te betalen voor zijn diensten. Op deze manier omzeilde ik meteen het hele probleem van de drie noodzakelijke gidsen in Nigeria. Als ik Bond niet kan vertrouwen, wie dan wel?

Afijn, Bond meldde zich dus die avond en de volgende morgen togen we vol goede moed eerst naar de plaatselijke politie. Bond had me namelijk toevertrouwd dat internetcriminelen niet voor de poes zijn, dat ze vaak wapens dragen (wie niet hier?) en dat we uiteraard niet eens gewoon de auto konden verlaten, laat staan ze eventjes pittig confronteren. Bond liet ons niet zonder trots een pasje zien: hij bleek lid van een soort burgerwacht en werkte in die hoedanigheid veelvuldig samen met de politie.

Het politiebureau van Owerri laat zich het best omschrijven als een onoverzichtelijke puinhoop. Net als bij de meeste politiebureaus in dit deel van Afrika ligt ook hier het terrein bezaaid met ooit in beslaggenomen auto's. Die líggen er ook echt: door de assen gezakt, verroest, van de banden ontdaan, bijna in volledige staat van ontbinding.

Het terrein van het politiebureau is vrij groot en vormt een eigen gemeenschap, een soort mini-biotoop, waarbinnen het relatief veilig is en waar van alles rondloopt. Marktkooplui hebben er wat kraampjes, kippen en geiten scharrelen tussen de autowrakken, en her en der liggen in de schaduw van de bomen mensen te slapen. Dat doen ze op de grond of op wat gammel meubilair dat in het gras langs de paden staat.

Omdat ik nooit de inhoud van een zaak vooraf deel, heb ik Bond ook hier ter plaatse pas verteld wat onze missie is. Hij heeft dus ook de politie nog niet ingeseind. Die terughoudendheid met onze bedoelingen heeft een duidelijke reden. Als je van tevoren je komst en het doel verklapt, treden er immers allerlei ongewenste mechanismen in werking. Officials hebben dan de tijd om zich af te vragen of wij bijvoorbeeld wel een vergunning hebben om te mogen filmen. Of – en dat is nog vervelender – men bedenkt een hele berg aan onnodige handelingen door onnodig veel tussenpersonen die allemaal wat willen bijverdienen.

Vandaar dus onze beproefde verrassingstactiek. Opeens rijdt daar volkomen onaangekondigd een jeep het politieterrein op met een Nigeriaan en twee Nederlanders. We melden ons met gespeelde bezorgdheid bij een verbaasde man die bij de deur van het hoofdbureau zit. Het complex herbergt een stuk of tien gebouwen in verschillende staten van verval, en dit lijkt ons het hoofdgebouw.

De politieman heeft hier nog nooit een westerling gezien, dat moge duidelijk zijn. Met een verbaasde blik hoort hij ons verhaal aan en de reden van ons bezoek. Ik verzin dat een nichtje van me in Nederland is opgelicht en dat we via een handige digitale truc hebben ontdekt dat de oplichter hier in de stad woont. Ik laat hem de door Danny uitgepeilde gps-locatie in mijn telefoon zien, en daarna de tronie van een boef: een jonge gast met een klein staartje rechtop boven op zijn verder kaalgeschoren hoofd. De agent lijkt onder de indruk en stelt geen enkele vervolgvraag. In plaats daarvan beent hij een gang in. Wij wachten naast twee vrouwelijke politieagenten die languit op een tafel liggen te slapen. Na een minuut of vijf is hij terug. Of we boven in een wachtruimte willen plaatsnemen. De commandant is er niet, maar arriveert over een halfuurtje op het bureau.

Hij gaat ons voor. We lopen door een gang met aan weerszijden een reeks kantoortjes. Elk kantoor heeft een bureau met daarachter een politiemedewerker. In sommige hokjes lijkt iemand te worden verhoord, maar het kan net zo goed een neef van de betreffende agent zijn die even eten is komen brengen.

Wat vooral opvalt is dat er nergens computers staan, en dat er in vrijwel elk kantoortje een gigantische stapel dossierstukken tegen de muur ligt opgestapeld, niet zelden helemaal tot aan het plafond. De plafonds en de muren zitten vol butsen en gaten, de verf is overal afgebladderd en de meeste deuren hangen scheef in de scharnieren.

We komen bij een naar urine stinkend trapportaal en op de eerste verdieping worden we een ruimte in gedirigeerd. Binnen staat een roodleren driezitsbank bij een groot tv-scherm met daarop een voetbalwedstrijd. Het geluid staat keihard en het beeld stoort enorm. Als we alleen zijn, pak ik de afstandsbediening en zet het ding uit. Een dikke zweetdruppel parelt langs mijn wenkbrauw in mijn oog. Het is 35 graden en de ventilator aan het plafond hangt op halfzeven.

Joep en ik kijken elkaar aan. Wat staat ons te wachten? En vooral ook: hoelang moeten we hier wachten? Eerdere bezoeken aan politiebureaus in Afrika leren dat geduld een schone zaak is. Niet zelden kost het je zomaar vier uur. Vier kostbare uren, want een trip duurt meestal een dag of vijf, zes. Inclusief reisdag, welteverstaan. Dat betekent dat je netto drie dagen hebt om de boef te vangen, een draaiboek te maken, noodzakelijke beauty's te schieten (dat zijn mooie shots om in een aflevering de kijker op een aangename manier te laten zien waar je bent), en presentatieteksten op te nemen, de zogenoemde stand-uppers waarmee ik de kijker op locatie bijpraat.

Na een halfuurtje is er opeens reuring op het terrein. Joep en ik lopen naar de galerij, die een mooi uitzicht biedt op de hoofdingang. We horen trompetten. Trompetten? Jazeker, daar zien we het voltallige politiekorps in twee rijen langs de hoofdweg naar het politiecomplex staan. Strak in de houding. Tussen hen in loopt een heuse fanfare die een marslied speelt. Erachter volgt stapvoets een zwarte limousine. Alsof Kim Jong-un in hoogsteigen persoon de troepen komt inspecteren, arriveert hier de politiecommandant. Van zijn lunch aan de overkant van de weg! Het is heus waar. De muziek stopt als de commandant uitstapt.

Even later passeert hij met enkele secondanten onze wachtruimte. Hij is een corpulente man met duidelijk een goed ontwikkeld gevoel voor hiërarchie. Hij werpt ons een korte, hooghartige blik toe en kan een lichte verbazing toch niet onderdrukken. Weer drie kwartier later worden we opgehaald. We mogen op audiëntie bij de commandant. Aan het einde van de gang zwaait voor ons een deur open. Ik zal nooit vergeten wat we toen zagen.

Midden in de puinhoop van het politiebureau betreden we hier een andere dimensie. De commandant leeft onder een stolp in zijn eigen particuliere atmosfeer. Terwijl overal het stucwerk kapot is, verf afgebladderd aan de muren hangt, plafonddelen ontbreken en papierwerk op hoge stapels her en der de doorgang belemmert, betreden we hier een koele, ruime balzaal.

De airco zoemt zachtjes, een witmarmeren vloer glimt, de muren zitten strak in de verf, lange verduisterende gordijnen reiken tot net boven de grond. Het licht is aangenaam gedempt. Midden in deze oase van kalmte staat een enorme houten vergadertafel met eromheen een stuk of vijfentwintig eveneens houten stoelen met hoge, rechte leuningen. Midden op de tafel een stenen vaas met een gigantisch boeket bloemen.

En daar, helemaal aan het hoofd van de tafel, zit in onberispelijk uniform de commandant, geflankeerd door een man en een vrouw. De twee agenten die ons naar binnen begeleiden, springen in de houding en salueren. Ze blijven als versteend in de houding staan. De commandant reageert er nauwelijks op.

Aan zijn linkerkant staat een in hagelwit uniform gestoken verpleegster in een handpompje te knijpen. Ze is zijn bloeddruk aan het opmeten. De commandant heeft echter de meeste aandacht voor een man die aan zijn rechterzijde staat. Hij lijkt een vertegenwoordiger in telefoons te zijn. Hij heeft een doos bij zich die hij openhoudt voor de commandant.

Terwijl we met open mond de ruimte en het tafereel in ons staan op te nemen, pakt de vertegenwoordiger twee toestellen uit de doos en legt de commandant uit wat de specificaties van deze modellen zijn. De ene is de nieuwste Samsung en de andere de nieuwste iPhone. Verstoord kijkt de corpulente commandant op van de twee telefoons die inmiddels op zijn bureau liggen. Hij knikt naar Joep en mij en vraagt een van de twee agenten, die nog steeds stram in de houding staan, wat we komen doen.

De aangesproken politiefunctionaris ontspant, zet zijn benen iets uit elkaar en doet zijn handen op zijn rug. Hij vertelt ons verhaal, maar de commandant toont nauwelijks aandacht. Terwijl de politieman praat, kijkt de hoge chef alweer begeerlijk naar de voor hem geëtaleerde telefoons. Hij vindt ze duidelijk vele malen interessanter dan twee Nederlanders die een lokale internetoplichter willen aanpakken.

De politieagent praat intussen met veel nederige gebaren en onderdanige tussenzinnetjes verder, maar de commandant heeft nu definitief zijn focus verlegd. Kennelijk is zijn aandachtsboog niet al te groot, want nu begint hij gewoon door de agent heen te babbelen tegen de telefoonverkoper. Hij wil graag weten welke camera het beste is, en hoe groot het geheugen van de Samsung ook alweer was. Engels is de officiële voertaal in Nigeria dus Joep en ik kunnen elk detail volgen.

Zo ontstaat er een vrij bizar tafereel waarbij een zeer gedienstige politieman zijn relaas voortzet, een tweede agent nog steeds zwijgend stram in de houding staat, de aangesproken commandant rustig overlegt met de telefoonverkoper, de verpleegster geconcentreerd luistert naar de hartslag van de commandant terwijl ze het ventiel van de opgeblazen armband langzaam openzet, en twee Nederlanders een beetje verloren wachten op wat er komen gaat.

Blijkbaar beschikt de commandant over voldoende multitaskvaardigheden, want terwijl hij medisch wordt gekeurd en overleg voert met de vertegenwoordiger, heeft hij op de een of andere manier de kern van ons verhaal wel degelijk begrepen.

De enigszins bedremmelde agent eindigt zijn relaas en de commandant wendt zich met een zucht tot mij. Ik vertel hem dat wij voor het eerst in Nigeria zijn en dat we de boef willen laten stoppen met mensen oplichten, maar dat het ons onverstandig leek om dit op eigen houtje te doen.

De commandant knikt begripvol en kijkt weer streng naar de agent die net aan het woord was. '*Make it happen*,' is het enige wat hij zegt. We draaien ons om en betreden de snikhete confronterende werkelijkheid van de rest van het politiebureau.

Een halfuurtje later rijden we in colonne naar de uitgepeilde woning. Wij in de fourwheeldrive van Bond, vervolgens een onopvallende politieauto met twee dienders in burger, en op een afstandje achter ons een pick-up met bewapende agenten. Wat volgt is een arrestatie uit het boekje. De woning die Danny had gevonden, blijkt een nest van Yahoo-boys te zijn. Er worden naast 'onze' boef nog negen oplichters gearresteerd en enkele tientallen laptops en telefoons in beslag genomen.

Na deze trip ben ik nog driemaal in Nigeria geweest. Ik moet zeggen dat de angst per reis afneemt. Merkwaardig genoeg maakt zich een soort gelatenheid van je meester als je vaker het gevaar tegemoet blijft treden. Nigeria, je zou het bijna gewoon gaan vinden.

12

Voodoopriester ontmaskerd

Oost-Oeganda, mei 2013

'Daar achter je ligt iets op de grond,' zegt de man. We staan op een heuvel, beneden ons glinstert de Victoria-nijl. Peter draait zich om en kijkt naar beneden, maar er ligt niets. Juist op dat moment begint een blauwe ton water die voor onze voeten staat hevig te koken. Maar er is geen vuur. Zijn we getuige van heuse magie?

Samen met Peter R. de Vries en crew zijn we in Oost-Oeganda. We maken een reportage voor AVROTROS over het leed dat kinderen in arme landen wordt aangedaan. In Oeganda onderzoeken we twee aspecten van kinderuitbuiting.

In de hoofdstad Kampala waren we getuige geweest van razzia's die de overheid uitvoert op de talrijke zwerfkinderen. Aids is hier een belangrijke doodsoorzaak en resulteert zodoende in grote aantallen weeskinderen die moederziel alleen door de straten van de stad struinen, op zoek naar eten en drinken. De overheid beschouwt dit beeld als een schande voor het land en verordonneert de politie om onaangekondigd bij verrassing met pick-ups zo veel mogelijk kinderen te vangen, alsof het een wildsafari betreft. Bij het zien van zo'n pick-up stuiven de kinderen uiteen en proberen ze een veilig heenkomen te zoeken, want gepakt worden betekent de gevangenis.

Wij waren enkele dagen geleden in zo'n kindergevangenis geweest. Het onderkomen laat zich het best vergelijken met een smerig dierenasiel: ommuurd en streng bewaakt. Er hangen jongens en meisjes rond van soms nog geen tien jaar oud. De bedden in de cellen zijn niet meer dan lattenbodems met half vergane matrassen vol vlekken van uitwerpselen. Wat Peter tot tranen toe trof, was dat in die doffe ellende de kinderen er toch nog iets van probeerden te maken. In een speciale strafcel (geen toilet, geen ramen) hing een poster van Robin van Persie.

Nu zijn we verder oostwaarts getrokken, op zoek naar sporen van een nog gruwelijkere vorm van kinderleed: offeranden van vooral gehandicapte kinderen. We waren gisteren gestopt bij een opvangtehuis van een Belgisch echtpaar dat zich ontfermt over kinderen die slachtoffer zijn geworden van toverdokters en het hebben overleefd.

De verminkingen waarvan we getuige waren, staan voor altijd op ons netvlies. Toverdokters voeren gruwelijke rituelen uit met deze arme jongens en meisjes in opdracht van vooral lokale zakenlieden, die zo financiële voorspoed denken af te dwingen. Soms is daarvoor een ledemaat of een geslachtsdeel van een kind nodig, maar niet zelden worden kinderen gedood en in de fundering van een nieuw kantoor of winkelcentrum gestort ten einde bedrijfswinsten veilig te stellen.

Het Belgische echtpaar waarschuwde Peter en mij om ons niet in te laten met de toverdokters. Ze zijn er rotsvast van overtuigd dat de medicijnmannen daadwerkelijk over krachten beschikken die ons kunnen beschadigen.

En nu zijn we gearriveerd bij een toeristenlodge aan de linkeroever van de Victoria-nijl, die niet ver van hier uitkomt in het immense Victoria-meer. In de rivier drijven kleine eilanden van wier die met de stroom noordwaarts worden meegevoerd. Het landschap is heuvelachtig en wij staan op een vlak stuk van een helling die eindigt in de rivier enkele tientallen meters onder ons.

De magiër die zojuist het koude water zonder vuur te ontsteken in één keer liet koken is een ex-voodoopriester; een man die alle kneepjes van het vak kent en nu bezig is met een bewustwordingscampagne. Hij bezweert ons dat de toverdokters in werkelijkheid helemaal niet beschikken over magische krachten. Het zijn allemaal oplichters die veel geld verdienen met simpele goocheltrucs. Wat hij ons net liet zien was zo'n trucje. Want terwijl onze aandacht handig werd afgeleid van de ton water voor ons, gooide hij er vlug en ongemerkt een paar brokken ongebluste kalk in. En ziedaar, een hevig borrelende kookpot is het resultaat. Hiermee werden in het verleden zijn klanten geïmponeerd, waarna ze makkelijk bereid zijn om veel geld te betalen voor kostbare vervolgrituelen.

We stappen na deze overtuigende demonstratie samen met de ex-toverdokter in een jeep en rijden verder naar het oosten. Na een uur of twee, niet ver van de Keniaanse grens, houden we stil bij een klein dorp. Hier komt geen enkele toerist. Dit is waar het allemaal gebeurt. Er is een ontmoeting gearrangeerd met een nog praktiserende magiër. Uiteraard weet hij niet wie we werkelijk zijn. Onze ex-priester heeft hem verteld dat hij twee klanten heeft die hier zakelijke belangen hebben, maar wel wat meer voorspoed kunnen gebruiken. Peter en ik zijn die 'klanten'.

Met draaiende verborgen camera lopen we door de struiken naar een ronde hut aan de rand van de nederzetting. Het is warm en we worden nagestaard door enkele dorpelingen. Ik moet eerlijk zeggen dat ik dit toch wel een beetje eng vind. In mijn jeugd in Suriname ben ik tweemaal getuige geweest van een zogenoemde exorcist die een duiveluitdrijving verrichtte; eenmaal tijdens een kerkdienst van de Evangelische Broeder Gemeente (EBG) en eenmaal tijdens een jeugdkamp op een uur rijden van Paramaribo in de jungle. Dat was me als jochie van veertien niet in de koude kleren gaan zitten. Maar misschien wordt deze ervaring vijfendertig jaar later wel een ontnuchterende heling, zo houd ik mezelf nu voor. (Zie ook hoofdstuk 17, De poppen van de Commissarisweg.)

We houden stil bij de ronde hut naast een hoge boom. Er stapt een man uit: de toverdokter. Hij lacht breed en wenkt ons in zijn onderkomen. In de kleine hut is het aardedonker, maar als onze ogen aan de duisternis gewend zijn, zien we een altaartje in het midden en een gordijn erachter. De medicijnman hurkt en begroet ons in zijn taal, onze bekeerde magiër is er ook nog bij en dient nu als tolk.

Peter en ik gaan zitten. De magiër schuift het gordijn opzij en wil blijkbaar laten zien dat er verder niemand in de hut is. En inderdaad, de ruimte erachter is leeg. Nu wordt ons duidelijk gemaakt dat we een klein geldbedrag op het altaar moeten leggen. Peter pakt wat bankbiljetten en legt ze gespeeld eerbiedig neer. Het ritueel begint. De toverdokter schudt met een rammelaar en prevelt enkele lokale gebeden. Na een paar minuten gebeurt er iets opmerkelijks: de hut begint zomaar te trillen en na een minuut horen we een tweede stem. Via de tolk wordt ons duidelijk gemaakt dat dit een geest is die zojuist ook zijn entree in de hut heeft gemaakt en die ons gaat helpen. De stem is angstaanjagend laag, een beetje als de zanger van een deathmetalband.

Ik voel geen angst. Peter en ik snappen eigenlijk meteen wat hier gebeurt. Op de een of andere manier is er nu toch stiekem iemand achter dat gordijn gekropen die deze geluiden maakt, is onze overtuiging. De toverdokter – ervan overtuigd dat wij nu diep onder de indruk zijn – vraagt opeens een grote som geld, omgerekend duizend euro, voor 'een geit zonder oren, wat vee, plus de haar van een albino'. Ik verzin het niet. Alsof we getuige zijn van een slecht hoorspel van een negentiendeeeuws sprookje.

Peter en ik kijken elkaar aan. Onze blikken zeggen genoeg. Het moet maar eens klaar zijn. Onopvallend pak ik mijn telefoon en floep plotseling de zaklamp aan, recht in het gezicht van de opeens ontstelde toverdokter. We staan op en trekken voor zijn verbijsterde ogen pardoes het gordijntje opzij. En inderdaad, via een luikje in de muur van de hut erachter was er een handlanger naar binnen geslopen, die nu als gezant uit de geestenwereld het toneelstuk met de magiër opvoerde.

We staan erbij en kijken ernaar. Peter zegt in het Engels tegen de eveneens geschrokken ex-toverdokter, die als tolk ook getuige is van deze ontmaskering, dat hij het een dom toneelstukje vond en dat het tijd is om maar weer eens te vertrekken.

De duivelskunstenaar moet even van de schrik bekomen, herpakt zich in zijn rol en stort zich vol overgave stuiptrekkend en schreeuwend ter aarde, teneinde te redden wat er te redden valt. Ook hij is nu gegrepen door de geest die wij zonet nog in zijn handlanger achter het gordijntje herkenden. De handlanger zelf is gaan zitten en kijkt bedremmeld.

Maar Peter en ik wandelen – nagestaard door wat ontgoochelde dorpsbewoners die buiten staan te wachten en misschien hoopten dat hun grote, gevreesde magiër diepe indruk zou maken op twee bleue westerlingen – terug naar onze jeep.

13

Camera stopt op het moment suprême

Noord-Cyprus, maart 2020

Een van de vele leuke kanten aan mijn bestaan is dat ik nogal eens verzeild raak op een plek waar je normaal gesproken niet zo snel komt. Ik ken weinig mensen die in Ambazonië in Kameroen zijn geweest, of de Zuid-Braziliaanse stad Curitiba hebben bezocht, of Grand Rapids in Michigan. Maar ook dichter bij huis zijn plekken waar de meeste mensen niet heen gaan. Noord-Cyprus is er daar een van.

Het niet-erkende staatje is in 1974 ontstaan na een invasie van Turkije. Dat land was bang dat de op Cyprus wonende Turkse minderheid in gevaar zou komen. Met hulp van Griekenland was er dat jaar een staatsgreep uitgevoerd teneinde het eiland bij Griekenland te voegen. Dat laatste is niet gebeurd, maar de Turkse invasie en bezetting van het noordelijke deel van het eiland resulteerde in 1983 de oprichting van de Turkse Republiek Noord-Cyprus.

Turkije – dat met de invasie feitelijk zijn eigen grondgebied met 3355 vierkante kilometer heeft uitgebreid – is het enige land ter wereld dat Noord-Cyprus erkent. Om er te komen, moet je in de meeste gevallen daarom via Istanbul vliegen, hoewel steeds meer touroperators er inmiddels vakanties aanbieden met rechtstreekse charters.

De hoofdstad van Cyprus, Nicosia, is een soort Berlijn van voor de val van de muur. Tussen het noordelijk en het zuidelijk gelegen deel is een door de VN bewaakte bufferzone ingesteld: de Green Line. Fascinerend is ook de stad Famagusta, in het oosten. Die ligt in zijn geheel in de bufferzone en is zodoende sinds 1974 onbewoond en als het ware bevroren in de tijd. Overwoekerd door bomen en struiken doen de hoge flatgebouwen er na bijna een halve eeuw sterk denken aan de film *I Am Legend*, waarin Will Smith door de lege, met bomen en struiken begroeide straten van het dystopische New York op herten jaagt.

Langs de weg in Noord-Nicosia hangen opvallend veel Afrikanen rond. We zijn hier om een vrij doortrapte internetoplichter in zijn nekvel te grijpen, en de door ons uitgepeilde boef bleek ook al Afrikaan te zijn. Waarom er uitgerekend op Noord-Cyprus zo veel Afrikanen wonen, zullen we later ontdekken.

Het verhaal: een dame uit Nederland krijgt via een datingsite een relatie met een leuke Canadees die in België woont en werkzaam is in de olie-industrie. Ze chatten erop los en er ontstaat van lieverlee een wederzijdse genegenheid. Zijn ze verliefd aan het worden? Een ontmoeting kan niet uitblijven en er komt een afspraak om elkaar binnenkort 'live' te gaan zien, halverwege hun woonplaatsen ergens in Zeeland. Maar o grote pech, net de dag voordat ze elkaar eindelijk in het echt zullen omarmen, appt de man dat hij zich spoorslags moet melden op een booreiland voor de kust van Canada. Er is een specifiek probleem en hij is nou net de enige die daar verstand van heeft. De ontmoeting wordt uitgesteld, maar het contact blijft. Vanaf het booreiland chatten en bellen de twee dagelijks vrolijk verder. De ontluikende verliefdheid verandert langzaam in stapelverliefdheid.

En dan opeens is er een ramp. Terwijl de tortelduifjes gezellig aan de telefoon zitten te kletsen, klinkt er op het booreiland een harde knal en wordt abrupt de verbinding verbroken. Drie dagen blijft het angstig stil. De dame is in paniek en pluist het internet af naar rampen op booreilanden voor de kust van Canada, maar vindt niets. Op de vierde dag is er dan eindelijk een telefoontje. Haar lieve olieman leeft nog. Er was inderdaad een ongeluk gebeurd en de schade aan het platform is aanzienlijk. Ook het internet is uitgevallen. Maar gelukkig was hijzelf ongedeerd gebleven.

De dame hoort het met tranen in haar ogen van opluchting aan. Kan ze iets voor hem betekenen? Jazeker, door het kapotte internet kan er niet meer getelebankierd worden vanaf het booreiland en er moeten dringend stalen buizen uit Shanghai komen om de schade te herstellen. Of ze even op afstand voor hem wil inloggen in de bankomgeving van zijn firma. Hij geeft haar een webadres en wat codes en voilà, de dame is ingelogd.

Ze ziet grote bedragen die zijn afgeboekt en bijgeschreven en het saldo op de rekening is ruim 300.000 dollar. Of ze even een bedrag van 10.000 dollar naar Shanghai wil overschrijven, naar de aldaar gevestigde firma Van Leeuwen. (Ik lieg het niet.)

Gehoorzaam doet ze wat haar liefje vraagt. De overschrijving wordt geaccepteerd. Namens de gehele oliemaatschappij krijgt ze nu loftuitingen voor haar kordate hulp. Een paar dagen later komt er een vergelijkbaar verzoek, maar deze keer dient er 15.000 euro te worden overgemaakt naar weer een ander bedrijf dat onderdelen levert voor het beschadigde booreiland. Terwijl de dame braaf doet wat er van haar wordt gevraagd, is er opeens een storing in het systeem. Het lukt niet meer. De computer loopt vast.

De Canadees uit België belt de dame en vraagt haar wat er is gebeurd. Ze zegt het niet te weten, waarop de man in lichte paniek raakt. Het geld moet heel vlug worden overgemaakt, anders loopt de maatschappij grote schade op en hij kent niemand die hij zo met het banksysteem vertrouwt als zij.

De dame denkt even na en stelt dan zelf voor om het bedrag even voor te schieten. Ze heeft nog precies 15.000 euro op haar spaarrekening staan. Het is de erfenis van haar niet zo lang geleden overleden vader. En floep, daar vliegt het geld al van de spaarrekening naar de rekening van de leverancier. Het booreiland is gered.

Maar het daadwerkelijk overmaken van de erfenis van haar vader deed de dame voor het eerst twijfelen. Wat had ze nou net gedaan? Ze had die man nog nooit ontmoet, alleen gesproken door de telefoon en op een foto gezien. Verder niks. Een steeds unheimischer voorgevoel maakt zich van haar meester en ze bespreekt het met een collega op haar werk. De collega is niet van gisteren en haalt de profielfoto van de Canadees door een zoekprogramma voor gezichten op internet. De uitkomst is een enorme dreun voor de dame. Hij blijkt niet een in België wonende man uit Canada te zijn, maar een Noorse tv-presentator! Ze is opgelicht door iemand die de foto van de Noor lukraak van internet heeft geplukt. Woedend grijpt ze de telefoon en belt de man op. Ze scheldt hem de huid vol en verbreekt alle contact. Geld weg, ervaring rijker.

Het blijft vervolgens een jaar stil, tot er rond kerst een bijzonder mailtje in haar inbox belandt. Het is een schrijven van de Turkse politie, vanuit Istanbul. Er staat dat in het Afrikaanse land Togo een grote internationaal opererende internetoplichter is gearresteerd. Als bijlage een foto van de boef, een boos kijkende kerel die in een auto wordt geduwd. De politie heeft zijn computer in beslag genomen en daarin trof men een schat aan informatie aan over zijn slachtoffers. Zo hadden de autoriteiten ook gezien dat de dame in kwestie voor 15.000 euro was opgelicht. Al het oplichtingsgeld is inmiddels van de rekening van de crimineel gehaald en zodoende kon alles aan de slachtoffers worden terugbetaald. Een klein hobbeltje nog: er moest wel even 700 euro worden betaald aan de politie om de kosten voor de advocaat van de verdachte te kunnen dekken.

De dame begreep nu dat ze na een jaar nogmaals was benaderd door dezelfde crimineel, die in zijn onuitputtelijke inventiviteit zijn ontmaskering dacht om te buigen in zijn voordeel. Ze deed vervolgens aangifte bij de politie, die niets ondernam, en benaderde daarom mijn programma. Met Danny lukte het ons om vrij vlot te ontdekken dat de Turkse politieman én de als Noorse presentator vermomde boef in werkelijkheid twee jonge Afrikaanse gasten waren in twee verschillende woningen in het Noord-Cypriotische deel van Nicosia. We hebben dat wel vaker gezien: achter een internetoplichter zitten vaker meerdere Yahoo-boys die afwisselend de telefoon bedienen en elkaars slachtoffers overnemen.

We hadden dus twee gezichten en twee woningen, en daar gaan we nu een kijkje nemen. Samen met de bestolen dame. Die zit vol spanning in onze auto en kan uiteraard niet wachten tot ze haar kwelgeest in de ogen kijkt. Hij weet natuurlijk exact hoe zij eruitziet, want in tegenstelling tot hem, had zíj geen valse profielfoto gebruikt. Sterker nog: ze had hem met open vizier haar liefde betuigd en haar spaargeld toevertrouwd. Uiteraard zit ze bij ons achterin in de auto met geblindeerde ramen.

Het blijft raar dat je hier zo veel Afrikanen langs de weg ziet rondhangen. Ik had dat niet verwacht, eerlijk gezegd. Het lijken me ook geen bootvluchtelingen uit Afrika, want die zullen eerst op het zuidelijk deel van Cyprus arriveren. Een raadselachtig gegeven, waar we pas die avond een nogal onverwacht antwoord op zullen krijgen.

Het wordt al donker als we een stoffige straat in rijden. Ik ben vaak in Turkije geweest en Noord-Cyprus lijkt daar sterk op. In de verte zien we het flatgebouw opdoemen dat door Danny als een van de twee locaties is gevonden. Het is een vrij hoog gebouw met zeker dertig appartementen. Net op het moment dat we ons realiseren dat dit weleens lastig kon worden, ziet mijn collega op een van de balkonnetjes een donkere gestalte staan. Het zal toch niet...?

We rijden nu bijna onder hem door en met onze camera zoom ik vanaf de passagiersstoel in. Onmiskenbaar; dit is honderd procent onze boef. Hoe is het toch mogelijk dat je komt aanrijden en je ziet hem meteen staan! Maar wat doe je dan?

We stoppen 50 meter verderop en mijn collega Puck loopt een rondje om de boel te inspecteren. Ze stelt vast dat het enige wat we kunnen doen om binnen te komen aanbellen is bij de centrale deur op de begane grond. Die zal hij natuurlijk nooit zomaar opendoen voor iemand die zo duidelijk niet hier vandaan komt.

We rijden via locatie nummer twee – ook een appartementencomplex, maar waar we niemand zien – terug naar ons hotel. Tijdens het diner aan de rand van een groot binnenzwembad op de derde etage, waar de gasten er aan tafel lustig op los roken alsof we midden in de jaren tachtig zijn beland, bespreken we de opties. We weten nu zeker in welke woning boef nummer één woont. Het lijkt ons zinvol om morgen met ons verhaal bij de plaatselijke politie langs te gaan.

Het eten wordt geserveerd door een Afrikaanse dame. Nu wil ik het weleens weten ook! Ik vraag haar naar het mysterie van de vele Afrikanen op dit deel van Cyprus. Haar antwoord is tamelijk onthutsend. Ze zijn allemaal slachtoffer van oplichting. En hoe!

Noord-Cyprus adverteert op grote schaal in diverse Afrikaanse landen met studiebeurzen, legt ze uit. Voor 9000 euro kunnen jonge Afrikaanse studenten in spe colleges volgen aan een universiteit op het eiland. Dat klinkt voor vele arme Afrikanen als dé kans op een gouden toekomst. Beter dan illegaal en voor veel geld je ziel en zaligheid verkopen aan een stel louche mensenhandelaren die je op een gammel bootje de Middellandse Zee op sturen. Nee, gewoon met een keurige studiebeurs. Dát is nog eens een manier om in Europa te komen, dacht de serveerster, en vele mede-Afrikanen met haar.

Hele families leggen hun laatste geld bij elkaar om die ene zus, broer, nicht of neef met studiecapaciteiten de kans van zijn of haar leven te geven. En natuurlijk om zelf ook verzekerd te zijn van driedubbele terugbetaling als er een goedbetaalde baan als arts of advocaat of groot zakenman of -vrouw uit rolt. In Europa dus. Maar wat er niet bij wordt gezegd, is dat het zelfbenoemde Noord-Cyprus helemaal niet echt door Europa wordt erkend. 'Dat weten de meeste mensen in Afrika helemaal niet,' aldus de serveerster, die zichtbaar nog steeds nijdig is. 'En zo belanden grote aantallen leergierige Afrikaanse meisjes en jongens zwaar gedesillusioneerd achter een hek in een onbekend land, dat volledig onder controle van Turkije staat. Weg geld, weg droom, weg toekomst,' besluit ze.

Dat geldt waarschijnlijk ook voor onze boeven, realiseren we ons. Moeten we nu opeens vol medelijden de zaak laten rusten? Leg dat maar eens uit aan het berooide slachtoffer dat met ons mee is.

De volgende ochtend gaan we naar de politie. Omdat dit dus Turkije is, en Turkije per definitie een vrij vijandig klimaat jegens de pers kent, besluiten we niet met verborgen camera naar binnen te gaan. Te riskant. Samen met het slachtoffer lopen we dus 'ongewapend' het hoofdkantoor in en worden uitermate gastvrij en hartelijk ontvangen. Dat zien we toch opvallend vaak. Terwijl de Nederlandse politie nogal eens het stigma heeft van ambtelijk gedrag, traagheid en personeelstekort krijgen we in verrassend veel landen waar je dit niet direct zou verwachten alle medewerking.

Niet heel veel later rijden we achter een politieauto aan naar de plek waar we de oplichter de vorige avond op het balkon zagen staan. De politie wil overigens alleen meegaan naar de plek waar we de oplichter daadwerkelijk op het balkon zagen staan. In locatie nummer twee hebben ze op de een of andere manier geen trek.

We hebben niet gezegd dat we journalisten zijn, maar wel dat we kleine consumentencamera's bij ons hebben om een en ander voor het thuisfront vast te leggen. Streng wordt me verteld dat filmen volstrekt uit den boze is. In een oude Peugeot rijden de twee agenten even later achter ons aan. Ze lijken er wel schik in te hebben. Het is ook niet iets wat ze dagelijks meemaken: een stelletje toeristen dat zo concreet een misdrijf presenteert. Als we bij het appartementencomplex arriveren, stapt een van de politiemannen uit en beent naar onze auto. 'Jullie moeten in de auto blijven zitten en mogen niets filmen,' zegt hij een tikkeltje vermanend, alsof hij doorheeft dat we toch iets meer zijn dan gewone vakantiegangers.

De politiemannen drukken willekeurig op een paar bellen en worden door een van de bewoners binnengelaten. We balen enorm dat we niets kunnen doen, maar schikken ons in ons lot. Vol spanning houden we, keurig vanuit onze auto, de voordeur in de gaten. Natuurlijk stiekem wel met een klein cameraatje in de aanslag.

Nog geen kwartier later komen ze weer naar buiten, met tussen hen in – in de boeien geslagen – onze boef. Dit tafereeltje kunnen we nog net onopvallend door de achterruit vastleggen. Het drietal wandelt naar de politieauto die 50 meter achter ons staat, stapt in en rijdt weg. Wij volgen. Fijn dat-ie is gepakt, heel jammer dat we er maar een fractie van hebben kunnen vastleggen. Het slachtoffer is uiteraard blij met dit snelle resultaat, maar had haar oplichter ook graag even persoonlijk de oren gewassen.

Als je tv maakt, wil je meer. We zijn niet helemaal naar Noord-Cyprus gevlogen met een toch tamelijk getraumatiseerd slachtoffer om stiekem door de achterruit op 50 meter afstand twintig seconden getuige te zijn van het loopje van de oplichter naar een politieauto. En nu ga ik uitleggen hoe je als tv-maker op zo'n moment een uitzending redt. Er gebeurt nu namelijk iets wat niet in de uitzending zat, omdat het werkelijk te lullig voor woorden is.

Wat jullie wél in de uitzending zagen is het volgende. We rijden naar het politiebureau in de hoop de boef recht in de ogen te kunnen kijken, maar we durven geen verborgen camera mee te nemen. Stel dat de politie het ontdekt, en bovendien is er een detectiepoortje bij de ingang. Wel heeft het slachtoffer een zendertje om. Als ze dat binnen ontdekken, moeten we maar iets verzinnen, dat het een mp3-speler is of zo. We gaan naar binnen en de politie biedt het slachtoffer aan dat ze haar oplichter in de ogen mag kijken en hem eens flink de waarheid mag zeggen. Dat doet ze. In de aflevering zie je een shot van de buitengevel van het politiebureau en hoor je dat het slachtoffer haar belager verbaal van katoen geeft.

Dit is hoe het echt ging. We dachten: fuck it, en gingen toch met onze verborgen camera naar binnen. Die is immers in een tas gemonteerd en daarin had ik een flesje water, mijn zonnebril en wat andere gewone spulletjes gestopt. De politiemannen waren zo aardig en nonchalant dat we dit nu wel aandurfden. En tja, dat detectiepoortje. Dat piepte die ochtend ook toen ik er zonder tas doorheen liep. Waarschijnlijk door geld in mijn zak of een stalen armband. Geen haan kraaide ernaar. Dus mét tas gingen we naar binnen. En die tas heeft de hele confrontatie met de oplichter prachtig vastgelegd. Dachten we.

Je moet weten dat we de beelden pas kunnen terugzien in ons hotel. Dus veel later. Je moet zo'n camera met een usb-snoertje aan je computer koppelen om hem te kunnen uitlezen. De videobestanden worden dan overgezet en pas dan kun je zien of alles er goed op staat. Dat moment is altijd behoorlijk spannend, want een confrontatie is feitelijk de climax van je verhaal. Het slot van de uitzending. Een van de belangrijkste redenen van de hele reis. Eigenlijk hangt het succes van het programma af van zoiets onbenulligs als een klein (goedkoop) cameraatje in een tas, dat je op goed geluk aanzet, en dat je op goed geluk zo onopvallend mogelijk de goede kant op moet richten zonder al te veel te wiebelen. Een cameraatje ook dat niet langer dan vier uur aan één stuk kan opnemen en dat je pas achteraf kan checken.

Afijn, we gingen dus zoals na elke confrontatie tijdens elke reis ook na ons laatste bezoek aan het politiebureau vol adrenaline naar de hotelkamer van de cameraman (standaard ingericht als Headquarters) om het beeld te bekijken. En je raadt het vast al: het was niet opgenomen. De camera is er nog geen minuut voordat de oplichter in beeld zou verschijnen om onduidelijke redenen zomaar mee gestopt. Ik vloek principieel nooit, dus rolt er spontaan een waslijst aan middeleeuwse ziekten uit mijn mond.

Zeer gefrustreerd lig ik die nacht in bed te piekeren. Hoe red ik deze uitzending? Ik heb nu alleen het geluid van de confrontatie. Er blijft maar één optie over. We zullen morgen ons geluk moeten beproeven op de tweede locatie, waar de politie geen zin meer in had en waar we gisteravond trouwens ook niemand zagen. Maar het is uiteraard wel de locatie waar een handlanger in de oplichtingszaak verblijft. De gedupeerde vrouw die met ons mee is, moet dat natuurlijk ook wel willen.

Na een slapeloze nacht stel ik het plan die volgende ochtend aan het ontbijt voor aan haar en de crew. Iedereen stemt gelukkig in, en op hoop van zegen rijden we er meteen maar heen. Als je gefrustreerd en boos bent, ligt roekeloosheid op de loer. Zo ook nu. Zonder ons al te veel te bekommeren om het risico dat de crimineel thuis is en ons ziet aankomen, stappen we zwijgend en een beetje nors uit de auto, die we gewoon pontificaal naast het uitgepeilde tweede appartement hebben geparkeerd.

We lopen naar de centrale toegangsdeur. Die blijkt niet op slot, en zo belanden we in een muffig trappenhuis. Op goed geluk bellen we her en der aan. Pas op de vierde verdieping wordt er opengedaan, door een Afrikaanse dame. Ik voel dat ik nu moet doorpakken en laat alle voorzichtigheid varen. Zonder ingewikkelde inleiding met allerlei smoezen toon ik haar de foto van de boef, die Danny via de selfiecam op diens telefoon heeft bemachtigd. Er verschijnt een blik van herkenning op haar gezicht en ze gebaart naar beneden, naar het appartement pal onder haar op de derde verdieping. Daar moet de man wonen.

Het is een appartement waar we zojuist toen we naar boven liepen hadden aangebeld, maar toen werd er niet opengedaan. We gaan het nogmaals proberen. Als we weer voor de deur staan, zie ik opeens dat die niet helemaal in het slot zit. Ik duw ertegen en hij gaat langzaam open. En zo staan we ineens met zijn vieren (cameraman, collega Puck, het slachtoffer en ik) in iemands huis. Een raar idee natuurlijk. Ik neem de ruimte snel in me op. We staan meteen vanuit de voordeur in een L-vormige woonkamer. Het is er vrij kaal, maar het is niet leeg.

Vanaf twee haaks op elkaar geplaatste banken worden we namelijk glazig aangestaard door twee mannen die elk onder een dekentje liggen te internetten op een pc. Ik zie meteen dat we goed zitten. Op de selfie van de boef is namelijk een stukje raam en plafond te zien, ik kijk er nu 'live' naar. Dit kan niet missen. Even later komt er een derde persoon uit de keuken; onmiskenbaar de man die Danny had uitgepeild. De man die ons slachtoffer heeft opgelicht door zich samen met zijn – gisteren gearresteerde – maat eerst voor te doen als in België wonende Canadees en later als Turkse politieman. Brutaal begin ik hem en de twee andere mannen, die nog steeds in opperste staat van verbijstering verkeren, te confronteren. Het slachtoffer gaat er ook met gestrekt been in.

Gek dat je vanuit Nederland van tevoren rekening houdt met allerlei scenario's, maar nooit met dit. Het zijn immers criminelen, en die staan er niet bepaald om bekend dat ze bijzonder invoelend zijn of snel ergens voor terugdeinzen. Sterker nog: criminelen zijn doorgaans gevaarlijk.

Eenmaal op reis ontdek je dan dat criminelen ook gewoon de afwas doen, boodschapjes halen en allerlei andere menselijke bezigheden hebben, zoals lekker een beetje internetten op de bank. Als je ze dan zoals nu opeens overvalt, duurt het even voordat ze zich hebben gehergroepeerd en een mogelijke aanval openen. Maar dat hergroeperen is nu toch wel aanstaande.

We staan ze al zeker vijf minuten redelijk fel de waarheid te vertellen als zich eindelijk enige boosheid van hen meester lijkt te maken. Dit is het moment om te vertrekken, besluiten we eigenlijk allemaal tegelijk. Om niet te angstig over te komen, roep ik bij het weggaan dat we de vorige dag hun maat van verderop hebben laten arresteren en dat de politie nu ook onderweg hiernaartoe is. Het werkt. Ze komen niet achter ons aan.

Opgewonden, maar ook een beetje bang, gaan we terug naar de hotelkamer om die vermaledijde verborgen camera uit te lezen. En, o gloria, het staat er allemaal fantastisch op. De cameraman was bovendien zo goochem om voor de zekerheid ook met zijn consumentencameraatje mee te draaien.

Kijk, lieve mensen, en zo red je toch op het nippertje een hele uitzending.

14

Vliegende kraaien vangen veel

Grand Rapids, november 2008

Hij had hele volksstammen in Nederland voor zich gewonnen: Harry Bout, de langstzittende Nederlander in een buitenlandse cel. In 1985 werd hij veroordeeld voor een moord die hij niet had gepleegd. Nee, die hij zelfs niet eens had kúnnen plegen, werd er door zijn medestanders steevast fijntjes aan toegevoegd.

John van den Heuvel schreef erover in *De Telegraaf* ('Fout kan na 22 jaar worden hersteld'), Kamerleden stelden verontwaardigd vragen, gevestigde nieuwsrubrieken besteedden er aandacht aan. Het was een hele heisa in die jaren 2000, nadat actiegroepen zich zeer actief om het lot van die arme Nederlander in die verre kille cel begonnen te bekommeren. Bout, in de VS gesteund door zijn zus en zijn hartsvriend Butch Shaver, slingerde het ene na het andere 'keiharde bewijs' het internet op. Het vond gretig aftrek.

Zo werd ook de redactie van Peter R. de Vries benaderd.

Moesten wij niet eens in die zaak duiken? Normaal gesproken mijd je als journalist graag de door collega's al platgetreden paden. Met andere woorden: het is niet zo bevredigend om weer een zoveelste reportage te maken over het onderwerp dat iedereen toch al in elke krant en op elke tv-zender heeft kunnen zien.

Maar die platgetreden paden waren in de zaak-Harry Bout feitelijk nog nauwelijks aangeroerd door de vaderlandse pers. We moesten concluderen dat het Nederlandse journaille vooral verslag deed van wat Bout c.s. te melden hadden, ondersteund door een door de veroordeelde zelf aangeleverde selectie dossierstukken. In de Amerikaanse pers was weinig twijfel te vinden over de veroordeling uit de jaren tachtig. En ook daar zullen de kranten toch smullen van een gerechtelijke dwaling, leek me.

Dat zijn factoren die een zaak interessanter maken, want waarom zouden we niet gewoon met open vizier naar de VS reizen om daar eens echt met onze poten in de modder het journalistieke spit- en graafwerk te doen, waar het tot nu toe behoorlijk aan leek te ontbreken? Als dan blijkt dat hij echt onterecht vastzit, heb je ook iets wezenlijks in handen om een nieuwe rechtsgang of overplaatsing naar Nederland te bewerkstelligen. Stel je voor, dat we een novum zouden vinden! Een nieuw juridisch feit dat de zaak op zijn kop kon zetten.

Of stel dat we ontdekken dat Bout juist volkomen terecht is veroordeeld, omdat we feiten en omstandigheden aan het licht brengen die hij en zijn medestanders achterhielden en waardoor de Nederlandse pers, met de verontwaardigde Kamerleden in haar kielzog, op een dwaalspoor was gebracht.

Op het moment dat je een reportage kunt maken die journalistiek altijd interessant uitpakt, linksom of rechtsom, moet je er natuurlijk gewoon voor gaan. Peters gevleugelde uitspraak 'een vliegende kraai vangt altijd wat' is hier meer van toepassing dan waar ook. Want mijn hemel: wie had kunnen bevroeden dat we in Michigan zo veel zouden gaan vangen!

De zaak in een notendop: Harry Bout verhuisde als scholier in de jaren zestig met zijn ouders naar de VS. Hij belandde in het criminele circuit en hield zich onder meer bezig met valsemunterij. In 1985 werd in de kelder van zijn ouderlijke woning in de stad Grand Rapids in Michigan het in beton gestorte lijk gevonden van Harry's vriend en zakenpartner Al. Volgens Harry was er sprake van een uit de hand gelopen vrijpartij tussen Al en Harry's pas zeventienjarige vriendin Dawn Bean. Terwijl Harry beneden zat en Al en Dawn met Harry's instemming boven aan het seksen waren, klonken er opeens pistoolschoten. Harry snelde naar boven en zag zijn vriendin op het dode lichaam van Al zitten, met in haar hand een nog nasmeulend pistool. Harry belde in paniek zijn andere vriend Butch, en terwijl Dawn de bloedvlekken uit de vloerbedekking probeerde te schrobben, sjouwden de twee mannen het lijk naar de kelder, waar ze het in een gat legden. Daar werd beton over gestort. Om de autoriteiten op een dwaalspoor te brengen, pakten Butch en Harry de auto van het slachtoffer en reden er 400 kilometer mee naar het zuiden, naar het vliegveld van Indianapolis. Zo zou het lijken alsof Al daar het vliegtuig naar zijn vaderland Nigeria had gepakt.

De zaak kwam uit en Butch, Dawn en Harry moesten zich voor de rechtbank verantwoorden. De rechter geloofde echter uiteindelijk het verhaal van Dawn Bean. Die stelde namelijk een andere gang van zaken voor: niet zij, maar Harry had geschoten. Zij had slechts geholpen met het schoonmaken van de enorme bloedvlek die was ontstaan nadat Harry Al driemaal in diens hoofd had geschoten. Voor haar relaas vond de rechtbank aanzienlijk meer steun. Aldus werd Harry veroordeeld.

Toen hij de grens overschreed van de langstzittende Nederlandse gevangene in een buitenlandse cel, werd hij een interessant item voor onze pers. Butch Shaver is zijn maat Harry altijd blijven steunen. De Nederlandse pers kreeg Dawn Bean niet te spreken. Volgens Harry's getrouwen was ze meteen nadat de zaak in de jaren tachtig werd beëindigd met de noorderzon vertrokken en nooit meer gezien.

Met open vizier vliegen de kraaien Peter en ik met cameraman Marco in 2008 naar Michigan. Er liggen hoge hopen sneeuw langs de weg. We passeren *hardware store* Zijlstra en juwelier De Vries. Ook zien we Zaanse huisjes en oer-Hollandse molens. Allemaal herinneringen aan de vele Nederlanders die hier na de Tweede Wereldoorlog een nieuw bestaan wilden opbouwen, net als de familie Bout.

Voor de woning van de familie Bout wacht Harry's zus ons op. Ze is een lieve, zachtaardige vrouw die ons hartelijk ontvangt. Meteen al is ons duidelijk dat ergens heen gaan je vele malen wijzer maakt dan vanachter je bureau een beetje bellen of internetten. De woning is nog exact hetzelfde als in 1985. Harry's zus troont ons mee naar boven, waar de moord werd gepleegd, en ook naar de kelder waar het lijk in een gat was verstopt. Een plaats delict moet je eigenlijk ook echt hebben betreden om je een goed beeld te kunnen verschaffen van de gebeurtenissen.

Wat ons eigenlijk nog het allermeest frappeert is de inhoud van de schuur achter het huis. Harry's zus zwaait de deur voor ons open en daar staan we opeens voor een enorme machine. Het is de drukpers waarmee Harry en zijn vermoorde vriend Al begin jaren tachtig vals geld drukten. Verbazingwekkend dat het gevaarte er nog gewoon staat.

Harry en Al hadden mot over de printplaten voor de valse dollars, zo werd ons nu duidelijk. Al had er twee in zijn bezit, maar kwam met Harry niet tot een zakelijk bevredigende deal om ze over te dragen. Zonder machine geen vals geld, maar zonder printplaten natuurlijk ook niet. Het was een nieuw inzicht dat we van de actiegroep 'Free Harry Bout' in Nederland niet hadden gehoord. Hier gingen we nog terugkomen...!

We bedanken Harry's zus voor haar gastvrijheid en rijden verder. We hebben een afspraak met de patholoog-anatoom die destijds het lichaam van Al had onderzocht. Een echte Amerikaan: iets te dik, gekleed in een rood shirt met daarop in koeienletters 'CSI'. Aardige kerel, trouwens. De man ontvangt ons in de ruimte van het ziekenhuis waar hij nog altijd werkt en waar nog steeds de secties worden verricht. Er is een roestvrijstalen snijtafel, met eromheen felle lampen.

De patholoog heeft speciaal voor ons alle oude sectiefoto's plus de foto's van de plaats delict uit een archief gevist en op een cd-rom gezet. Dat is nog eens service! Ook bij deze man, in het mortuarium van het plaatselijke ziekenhuis, horen we zaken die niet in de Nederlandse kranten stonden. Al was driemaal in zijn hoofd geschoten. Twee kogels waren op zijn relatief dikke schedelbot afgeketst en eentje was wel binnengedrongen. De patholoog spreekt van een licht wapen waarmee een echte criminele afrekening heeft plaatsgevonden. De schutter heeft zijn slachtoffer eerst van twee zijkanten beschoten en daarna nog eenmaal recht boven in zijn hoofd. Niet iets voor een meisje van zeventien, concludeert de deskundige droogjes.

De zaak krijgt nog meer vorm als we de inmiddels lang en breed gepensioneerde officier van justitie van destijds te spreken krijgen. Hartelijk ontvangt hij ons bij hem thuis en hij staat ons zeer uitgebreid te woord. Steeds meer krijgen we het gevoel dat onze reis met de minuut zinvoller aan het worden is.

Vervolgens spreken we Butch Shaver, Harry's vriend en medeplichtige in het wegmaken van het lijk. Butch stelt resoluut dat Dawn Bean de schutter is en dat Harry erin is geluisd. Zelfs de in Grand Rapids wonende en inmiddels volwassen zoon van slachtoffer Al zou rotsvast overtuigd zijn van Harry's onschuld. Hij was immers recent aanwezig bij een hoorzitting over de zaak.

Butch is echter ook een vrij eenvoudige man met enigszins hoekige denkbeelden. Hij komt (in tegenstelling tot vrijwel elke andere Amerikaan die we spreken) moeizaam uit zijn woorden en spreekt zichzelf naarmate het gesprek vordert steeds vaker tegen. 'Maar hoe weet je nou zo zeker wat er daarbinnen is gebeurd? Jij werd toch pas gebeld door Harry ná de moord?'

Butch bevestigt dit en gaat dan volledig de mist in. 'Ja, dat klopt. Harry belde me en zei: "Het is gebeurd."'

Peter en ik kijken elkaar verrast aan en vragen: 'Wat is gebeurd?'

'Nou, dat Al dood is,' antwoord Harry's vriend met een lichte aarzeling in zijn stem. Butch realiseert zich kennelijk plotseling dat hij een uitglijer van jewelste aan het begaan is en probeert zich te herstellen. 'Maar Dawn heeft geschoten. Dat is zeker.'

De komende dertig minuten blijkt dat Al en Harry een zeer groot conflict over de printplaten hadden. Sterker nog: Harry had een wapen aangeschaft om Al dood te schieten. Harry's woorden 'het is gebeurd' hadden bij Butch dus meteen de betekenis dat Al zou zijn vermoord. Hupsakee: die ijzeren kroongetuige op wiens getuigenissen zovelen blindvoeren, blijkt na een halfuurtje doorzagen een volstrekte wassen neus te zijn.

Ten slotte is er nog Dawn Bean. Wat jammer dat ze sinds 1985 nooit meer is gezien. Dat ze met de noorderzon was vertrokken. Naar Mexico, werd ons al in Nederland toegefluisterd door iemand uit het pro-Harry-kamp.

Nu we hier toch zijn, willen we even een klein visje uitwerpen. Van een eerdere zaak in Dallas kenden we toevallig een gepensioneerde politieman met veel contacten. Ik bel hem die avond en hij belooft zijn best te zullen doen. De volgende dag al weet hij me het adres te melden van die mysterieuze en onvindbare sleutelgetuige Dawn Bean. Moeten we helemaal naar Mexico? Nee. Ze woont gewoon in Grand Rapids, nog geen kwartier rijden van de plaats delict! Ze heeft al die jaren gewoon om de hoek gewoond. Weer een mythe doorgeprikt.

Als we bij haar aanbellen, wil ze ons niet te woord staan. Niet zo heel gek; ze was destijds immers zeventien, liet zich in met seks met volwassen valsemunters en was uitermate behulpzaam bij het wegschrobben van een plas bloed van een man die even daarvoor nog haar sekspartner was.

Een paar dagen in Grand Rapids bracht zoveel meer aan het licht dan al die artikelen die de voorbije jaren door al die – toch wat luie – journalisten waren opgetikt. Daarom blijf ik tot op de dag van vandaag het adagium van de vliegende kraaien met hart en ziel huldigen. En daarom deze oproep: journalisten van Nederland, trek eropuit. Ga zelf kijken op de plek waar iets is gebeurd, bel zelf aan bij getuigen, pak de auto of het vliegtuig of de tram, maar blijf niet op je krent achter je pc zitten.

15

Chinese criminelen bestolen

Shanghai, mei 2013

Nanjing Road is druk. Dat is denk ik altijd het geval zolang er geen pandemie heerst. Nanjing Road is – zoals men dat van elke hoofd- of winkelstraat in een metropool pleegt te zeggen – de Kalverstraat van... in dit geval Shanghai. Aan het einde ligt The Bund, een brede boulevard aan de rivier de Huangpu met uitzicht op de Pearl Tower met de opvallende paarse bol aan de top. Je kunt daarboven op een glazen vloer lopen. Ik durf dat niet; ik laat me nog liever gijzelen door een stel criminelen.

Ik doe hier mijn uiterste best om opgelicht te worden. Natuurlijk, want we zijn op pad voor mijn tv-programma *Oplichters in het buitenland*. In Nederland googelen we dan eerst de naam van de stad waar we heen zouden willen, met de toevoeging '*warnings and dangers*'. Je krijgt dan een lijst gepresenteerd van meestal tien tot twintig dingen die gevaarlijk zijn, waar toeristen worden beduveld en waar je dus niet heen moet gaan. En dat is dus wat we dan steevast juist wel doen: dat lijstje afwerken en kijken wat er gebeurt.

Op internet doen wilde verhalen de ronde over afpersingen en zelfs gijzelingen van toeristen bij Nanjing Road. Dat zou gebeuren in restaurants, theehuizen en in massagesalons. Ik heb me gisteren al flink laten oplichten in een restaurant door in te gaan op de uitnodiging van een charmante dame die me op straat aansprak. Na een kennismakingsbabbeltje stelde ze voor om ergens een vorkje te gaan prikken. Ze had via via gehoord van een leuk tentje in de buurt. Door haar manier van doen wist ik meteen dat het foute boel was en dus ging ik zo schaapachtig mogelijk in op haar uitnodiging. Ze nam me, geheel volgens het boekje, mee naar een restaurant langs deze straat ergens op de tigste verdieping. Zodat je niet makkelijk weg kunt rennen, uiteraard.

De dame is natuurlijk geen toevallige voorbijganger die een gezellige kameraad in mij zag. Nee, ze werkt voor het restaurant en lokt me mee om me financieel uit te kleden. En inderdaad: boven aangekomen kregen we een achteraftafeltje van de ober (zag ik ze nou naar elkaar knipogen?) en binnen de kortste keren staat onze tafel vol met enorme schalen vlees, fruit en andere lekkernijen. Het is voldoende voor minimaal een man of acht. En hop, daar komen ook de wijntjes al. Een hele fles zelfs. Nadat ze me bedeesd vertelde dat ze vandaag haar portemonnee niet bij zich had, rekende ik sputterend een idioot hoog bedrag af.

Alles was keurig vastgelegd met mijn verborgen camera. Dat soort beelden zijn de allerbeste waarschuwingen voor toeristen, en het is uiteraard ook zeer vermakelijk om als corpus delictum te zien hoe zich speciaal voor jou een toeristenval ontvouwt.

Maar dat was gisteren.

Nu wil ik weleens kijken wat er klopt van de wilde verhalen over die massagesalons. Op straat word je vaak aangesproken door proppers. Ik ben vandaag inmiddels driemaal mee geweest en behalve een uitermate soepele rug heb ik er nog niets aan overgehouden. Vissen bijten ook niet meteen. Ofwel: geduld is een schone zaak.

Mijn collega's Marijke en Marco lopen achter me. Hun doel is mij zo onopvallend mogelijk filmen. Maar of ze me in de drukte goed kunnen volgen, weet ik niet. Ik kijk namelijk zo min mogelijk achterom. We mogen in geen geval aan elkaar gelinkt worden.

Vlak voor het Sofitel word ik weer aangesproken. Een opgewekte dame vraagt me of ik een massage wil. Natuurlijk wil ik dat! Gedwee sjok ik achter haar aan. Maar de salon is niet aan de hoofdstraat. Ze neemt een afslag en verdwijnt in een zijstraatje. Ik kan haar amper bijhouden, zo snel loopt ze. En weer duikt ze een zijstraatje in, en weer een. Nu kijk ik wel even achterom. Marijke en Marco zijn in geen velden of wegen te bekennen. Ik twijfel, want behalve mijn zekerheid van een extra camerashot van een afstandje zijn ze ook mijn vrienden, en niet onbelangrijk: mijn redders als er iets ergs gebeurt.

Maar ik ben al drie keer voor niks meegegaan met zo'n massagedame. Dus op een drafje probeer ik haar weer bij te houden. Nog net zie ik haar een deur binnenglippen. Als ik binnenkom, moet ik naar boven en plaatsnemen in een hokje met een tv en een bank. Dat is vast de massagebank. Na een minuut of vijf gaat er een deur open. Een trotse oudere dame toont me een keurig naar binnen flanerend rijtje schaars geklede dames. Ik moet er twee kiezen. Meteen voel ik aan mijn water dat dit weleens foute boel zou kunnen zijn; die oudere dame lijkt op een hoerenmadam. 'Ik wil alleen een rugmassage,' stamel ik nog. '*Yes, normal massage*,' verzekert de vrouw me.

Terwijl ik aarzel zijn er al twee voor me uitgekozen, want vier van hen lopen met de bazin weer weg en de deur valt dicht. Ik moet ook vast betalen. Het is omgerekend 6 euro voor een halfuur. Voorlopig nog geen sprake van oplichting. Integendeel.

Als tv-maker denk je op zo'n moment maar aan één ding: waar kan ik zo onopvallend mogelijk, het liefst in één nonchalante beweging, mijn tas met de verborgen camera zo neerleggen dat ik een goed shot van de ruimte heb, zonder dat het opvalt dat ik dit doe en zonder dat die tas daar hinderlijk ligt of dat er iemand voor de lens kan gaan staan? Het is een razendsnelle puzzel in je hoofd.

Ik scan de kleine ruimte en zie aan de muur op heuphoogte een plank met een laptop erop. De plank is veel groter dan de computer. Ik kies de plank als beste plek voor de tas en terwijl ik gezellig babbel over waar ik vandaan kom, valt het niemand op dat ik mijn tas zo positioneer dat de groothoeklens de volledige ruimte vanaf dit moment feilloos vastlegt. Tenminste, dat gok ik, want het beeld bekijken kan pas achteraf.

De massage kan beginnen. De kirrende dames blijken beroerde masseuses te zijn, en ze willen dan ook iets heel anders. Of ik me even volledig wil uitkleden. Dat gaat natuurlijk niet gebeuren, maar mijn shirt moet wel uit, voor de vierde rugmassage in een paar uur tijd. Ik trek aan mijn shirt en voel iets losschieten.

'Kak!' roep ik binnensmonds tegen mezelf. Ik heb mijn zender nog om. Die fout had ik niet eerder gemaakt. De zender zit onder mijn shirt. Het microfoontje is met een stukje tape aan de binnenkant geplakt met een snoertje naar een kastje in de linker voorzak van mijn spijkerbroek. Ik ben een beetje in paniek. 'Ik ben iets vergeten buiten, ik kom zo terug,' zeg ik tegen de verbaasde dames, en ik hol met mijn net zo mooi gepositioneerde tas de trap af naar buiten.

Gelukkig hadden Marco en Marijke me toch kunnen volgen, want ze zitten verderop in de straat op een bankje. Ik leg de situatie uit, ruk de apparatuur van mijn lijf, en hol terug. Nadeel is dat mijn collega's me nu niet meer kunnen horen, maar die kans is toch heel erg klein op deze afstand. Tweede nadeel is dat het geluid tijdens de massage voor een deel wegvalt. Het zendertje straalt namelijk ook naar mijn tas, waar de audio wordt weggeschreven op de geheugenkaart die ook het beeldmateriaal opslaat. Gelukkig zit er in de tas zelf ook een microfoontje, en omdat de ruimte waar ik zo ga worden gemasseerd erg klein is, ga ik ervan uit dat het goed zal komen.

Een beetje buiten adem sta ik twee minuten later weer binnen. De dames zijn nog steeds verbaasd, maar beginnen toch enthousiast aan mijn kleding te plukken. Of behalve mijn shirt toch ook mijn broek nu uit mag. En liefst ook mijn onderbroek. Ze kreunen zachtjes bij dit laatste verzoek, dat iets langzamer en met verlaagde stem wordt uitgesproken. Ik vertel ze kortaf dat ik getrouwd ben en gewoon een rugmassage wens.

Inmiddels lig ik ongemakkelijk op een bank terwijl de steeds hitsiger wordende dames om beurten aan mijn gulp zitten, en op en tegen mij aan kronkelen. Uiteraard zijn ze helemaal niet opgewonden, maar hopen ze vurig dat ik dat wel word en dat er iets van een sekspartij ontstaat, waarna ze voor bewezen diensten extra geld kunnen vragen. Of juist dat er dan een grote baas binnenstormt en me vertelt dat ik illegaal bezig ben en hij me gaat afpersen. Dat lees je ook weleens. Maar ik maak een keurig toeristenprogramma voor een keurige zender, dus dat gaan we allemaal niet doen.

Na een minuut of tien vind ik het welletjes. Dit wordt hem niet. Geïrriteerd dat ik weer voor niks een massage heb ondergaan zonder resultaat duw ik ze van me af en begin mijn schoenen aan te trekken (want die moesten naar oosters gebruik sowieso als eerste uit). Ik wil vervolgens mijn shirt pakken en opstaan als ik voel dat er iets in de ruimte is veranderd.

De dames zijn opeens verdwenen en er staan twee mannen binnen. Eentje blokkeert de deur. Hij rookt een sigaret en tipt de as zo op het tapijt, als blijk van schijt hebben aan alles, en vooral aan mij. De ander spreekt me toe. 'U moet nog even afrekenen, meneer.'

Er gaat een schok door me heen. Dit is waarvoor ik dit werk doe. Maar dit is ook waardoor ik me soms oprecht afvraag waaróm ik dit werk doe. Het gekke is dat die mix van emoties me weer in een soort rare balans brengt. Want ik voel intuïtief meteen aan dat ik nu slachtoffer aan het worden ben van een gevaarlijke situatie. In Shanghai. Zonder zender.

Ik doe een klein stapje opzij om mijn verborgen camera een beter shot te gunnen. De man bij de deur neemt een trekje en kijkt me met een uiterst intimiderende blik zwijgend aan. De ander herhaalt zijn vraag.

'Afrekenen? Ik heb al betaald hoor, meneer,' zeg ik bedremmeld. Je moet op zo'n moment op veel dingen tegelijk letten. (1) Is iedereen goed in beeld? (2) Hebben ze door dat er gefilmd wordt? (3) Zijn ze gewapend? (4) Zijn dit de enige twee mannen of wacht me achter de deur nog een verrassing? (5) Hoe speel ik mijn rol zodat ik het (5a) overleef en (5b) ik wel zo lang mogelijk van deze afpersing slachtoffer kan blijven voor een goed item in de uitzending?

De man schampert in slecht Engels: 'Nee, dat was voor de massage. Wij komen de huur afrekenen.' Hij noemt een specifiek bedrag: 19.800 yuan. Dat is precies de limiet van veel westerse creditkaarten, heb ik later geleerd. Ongeveer 2.300 euro. De afpersing is nu een feit. De vraag die ik mezelf stel: hoelang kan ik dit rekken zonder een mes tussen mijn ribben te krijgen? En inderdaad, hij stapt hoog in, want hij begint me meteen met de dood te bedreigen. 'Dit is Shanghai. Wij kunnen je vermoorden.' Toch is er ondanks de angst die op zo'n moment wel degelijk bezit van me krijgt ook plek voor opwinding. Ik ben nu namelijk een heuse gijzeling aan het filmen. En dat is unieke tv.

Het dreigen gaat nog een poosje door en ik blijf tegenstribbelen. Ik speel de bange, maar ook verontwaardigde toerist. Ik zeg dat ik mijn creditcard in het hotel heb laten liggen, dat mijn vakantie verpest is, dat ik bang ben, maar toch niet wil betalen. In de tien minuten die volgen herhaalt de crimineel – want dat is het – zijn moordplannen minimaal vijftien keer.

Dan wordt het écht gevaarlijk. Hij wil mijn portemonnee

zien en kijkt naar mijn tas, met daarin uiteraard de camera die hem via een minuscuul oogje aan de voorkant recht in zijn gezicht filmt. Als deze mannen in mijn tas gaan kijken, als ze alles gaan doorzoeken, dan zullen ze onherroepelijk doorkrijgen dat ik geen argeloze toerist ben. In de tas zit een ritsje met daarachter een batterijblok met snoertjes. Als je die snoertjes door de voering heen volgt, kom je uit bij een printplaatje met wat elektronica eromheen. Dat bevindt zich achter de zijkant van de tas, waar precies een klein glazen speldenknopje uit piept. Als ze dat zien, zullen ze stoppen met dreigen en overgaan tot uitvoeren. Dit is en blijft mijn grootste angst: dat de oplichter – of afperser in dit geval – doorkrijgt dat de rollen feitelijk omgedraaid zijn.

Om te voorkomen dat de man in mijn tas gaat grabbelen, pak ik toch maar mijn portemonnee, met daarin uiteraard ook een creditcard. Hij ziet het meteen en verlegt zijn focus. Na wat gesputter geef ik hem de kaart. De man geeft hem in een vlugge beweging door aan de zwijgende roker voor de deur, die achter zich een klopsignaal tegen de deur geeft. De deur kiert een heel klein beetje open en een anonieme hand pakt mijn creditcard aan. In een flits zie ik dat daar nog meer mensen staan. Ik ben blijkbaar de enige klant op dit moment en de rest van de massagesalon lijkt volledig gemobiliseerd voor deze operatie. Ik realiseer me nu ook dat een ontsnappingspoging zal stranden.

Terwijl mijn creditcard achter de deur wordt gestript, blijft de afperser in zijn rol. Sterker nog: hij zet weer een tandje bij. Hij wil nu mijn portemonnee hebben om het sleutelpasje van mijn hotelkamer te kunnen bestuderen. ‘In welk hotel slaap je? Laat je kamerpasje zien,’ gebiedt hij me. Dat gesodemieter wil ik niet en ik begin 'm nu toch wel een beetje te knijpen. Stel dat hij de manager van ons hotel kent, en met hem kan samenspannen. Ik zeg hem dat ik in het Sofitel aan de overkant slaap. Dat is niet zo, maar ik hoop dat dat hem afschrikt. Zo'n gerenommeerd hotel zal immers geen foute manager hebben die onderonsjes heeft met afpersers in louche massagesalons.

Net nu het werkelijk penibel begint te worden, gaat de deur weer een kiertje open. Een hand met daarin mijn creditcard en een bon steekt door de opening. Via de uitsmijter, die inmiddels als teken van macht zijn sigaret op het tapijt heeft uitgetrapt, belandt het weer in de hand van mijn bedreiger. Hij kijkt naar de bon en zegt dat het bedrag is afgeschreven. Ik moet alleen nog even tekenen. Ook daarover sputter ik – om de spanning weer wat op te voeren – nog een keer tegen, wat me meteen op een nieuwe doodsbedreiging komt te staan.

Ik teken uiteindelijk het bonnetje en wordt opeens heel vlot de tent uit gebonjourd. Als ik de trap naar beneden af hol, roept de man me nog na dat ik nooit meer terug hoef te komen, en dat ik niets snap van hoe het werkt in Shanghai.

Wat ruikt de buitenlucht heerlijk op zo'n moment. Zelfs al zijn het de uitlaatgassen van Shanghai. Op een drafje loop ik de steeg van de massagesalon uit naar een klein pleintje waar Marco en Marijke totaal onwetend op mij zitten te wachten. 'Blokkeer die creditcard,' roep ik. Ze kijken me verbaasd aan en in steekwoorden leg ik opgewonden uit wat er is gebeurd.

Marijke belt de creditcardmaatschappij en Marco merkt op dat er mensen met me meegelopen zijn uit de steeg. En inderdaad: ik zie twee of drie gezichten die ik herken van daarnet, onder andere de dame die me in het begin hier in de buurt mee naar binnen lokte.

Even verderop passeert stapvoets een politieauto. De gezichten om ons heen staan gespannen. Ze zien nu dat ik niet alleen ben, maar opgewonden mijn verhaal sta te vertellen aan twee kennelijke vrienden. Is dat gevaarlijk? Marco denkt van wel. En dat is niet helemaal uit de lucht gegrepen van Marco. De afpersers zullen zich realiseren dat ik misschien niet degene ben die ze dachten voor zich te hebben. Toch geen alleenreizende man.

We overleggen en komen er eerlijk gezegd niet uit. Ons in de drukte van Nanjing Road rustig terugtrekken en via een omweg naar ons hotel lopen, dat lijkt ons het slimst. Op dit moment realiseren we ons uiteraard terdege dat mijn tas goud waard is, want daar staat uniek beeldmateriaal op. Hopen we.

Controleren of er ook echt iets op staat (het zal niet de eerste keer zijn dat de verborgen camera halverwege is gestopt, er een stukje voering van de tas voor de lens is geschoven, of elektrische interferentie het beeld als een gek heeft verstoord) en dat gefilmde materiaal veilig op een harde schijf kopiëren is prioriteit nummer één op dit moment.

Net als we willen opgaan in de massa van de winkelstraat word ik aangetikt. Het is de dame die me mee naar binnen lokte. Ze kijkt me een beetje beteuterd aan en zegt gehaast: 'Sorry, meneer. Er is een foutje gemaakt. U krijgt uw geld terug.'

Verbaasd zien Marco, Marijke en ik hoe ze me meetroont naar een muurtje langs de straat en daar stapels van 100 yuan begint uit te tellen. We beseffen nu dat de afpersers zelf bang zijn geworden. Dat ze hebben gezien dat die onfortuinlijke, eenzame toerist van zojuist eigenlijk met drie man sterk is, en precies weet waar de massagesalon zich bevindt. Ik kan op advies van mijn plotseling opgedoken vrienden zomaar de politie die net langsrijdt aanklampen. Ik pak gretig al het geld aan. Het is 17.000 yuan, 2.000 euro, bijna de hele som die zojuist van me is gestolen. Triomfantelijk lopen we terug naar ons hotel, want Marijke heeft precies op tijd de kaart geblokkeerd. Het geld is nooit afgeschreven. Ik heb dus zojuist 2.000 euro gejat van een stelletje criminelen. Het lijkt me niet de grootste zonde...

In het hotel checken we de beelden van de verborgen camera en het bier smaakt ons weer heerlijk als we zien dat alles, inclusief het geluid, goed is opgenomen.

Terug in Nederland hebben we de beelden aan de creditcardmaatschappij getoond. We hadden bij de blokkering van de creditcard verteld dat het ging om een tv-uitzending, en ze wilden graag zien hoe deze scam in zijn werk ging. Op haar beurt heeft de creditcardmaatschappij de beelden gedeeld met hun afdeling in Shanghai, die ze weer aan de lokale politie heeft getoond. Een maand na mijn avontuur is er een inval geweest in de salon. Er zijn vijftien mensen gearresteerd. Deze uitzending wordt met bijna 1,1 miljoen kijkers de best bekeken aflevering van de afgelopen tien jaar.

16

Vrienden met de ambassadeur van Algerije

Algiers, juni 2016

We schuifelen weer eens in een rij op een luchthaven telkens een stapje dichter naar een douanehokje. Vandaag is het extra spannend, want binnen een paar minuten gaat deze beambte zien dat ik in Israël ben geboren. Samen met cameraman Joep ben ik zojuist geland op Houari Boumedienne, de luchthaven van Algiers, hoofdstad van Algerije.

De reden van ons bezoek is nobel. Voor mijn tv-programma *Graf Zonder Naam* hadden we onderzoek gedaan naar de identiteit van een onbekende man die jaren ervoor dood in een kast in Amsterdam was gevonden. Werkmannen vonden hem tijdens een renovatieklus. Naast zijn lichaam lagen een injectiespuit en een lepel; de standaard uitrusting van een drugsverslaafde. Hij was waarschijnlijk overleden aan een overdosis.

De politie startte een onderzoek naar zijn identiteit. Er was geen paspoort of ander ID-document bij hem aangetroffen. Gelukkig herkenden enkele politiemensen de dode als een draaideurcrimineel die talloze keren was opgepakt. Bij die arrestaties had hij zich nooit kunnen identificeren en gaf hij – volgens de opgeduikelde oude politiedossiers – telkens een andere naam, geboortedatum en nationaliteit op. De ene keer was hij Marokkaan, dan weer kwam hij uit Israël, en bij een volgende arrestatie gaf hij net zo makkelijk op dat hij Algerijn of Tunesiër was. Er waren destijds door de politie wel mugshots gemaakt, zodat de nu dode man een goed herkenbaar 'levend' gezicht heeft.

Samen met een coldcaseteam kreeg ik voor mijn tv-programma inzage in die oude dossiers. In Nederland liggen ongeveer driehonderd anonieme doden begraven; velen van voor de tijd van social media of snelle DNA-tests. Ze zijn her en der onder een bordje met een nummer ter aarde besteld en in de vergetelheid geraakt. Zodoende zijn er ook minstens driehonderd vrienden, broers, zussen, moeders en vaders die ergens in de wereld onwetend wachten op een levensteken van hun dierbare. Dat moet verschrikkelijk zijn.

Het Amsterdamse coldcaseteam was een jaar of vijf ervoor gestart met het opgraven van alle negentig in de hoofdstad begraven anonieme doden teneinde een DNA-monster van hen te nemen. Dat doen ze uit het bovenbeenbot, want dat is het dikste bot en biedt daarom de meeste kans op aanwezigheid van bruikbaar DNA. Dit DNA-profiel is nodig voor als zich ooit iemand meldt die zegt familie te zijn.

Een van die negentig Amsterdamse doden (het zijn eigenlijk allemaal buitenlandse mensen, vaak daklozen en verslaafden die hier illegaal verblijven en van wie de familie in veel gevallen helemaal niet weet dat ze ooit naar Nederland zijn vertrokken) was dus de dode man in de kast met de vele identiteiten.

In een vrij unieke samenwerking kreeg ik van de politie inzage in de dossiers. Ook in dit geval. Mijn oog gleed langs alle namen in de politieverhoren waarmee hij bij leven de politie had misleid en waardoor hij bij sterven zo moeilijk thuis te brengen was. Marokko, Tunesië, Israël, Algerije. De politie had zoals ik net al zei een aantal maal na een arrestatie een mugshot van hem gemaakt, en zo keek ik al bladerend de dode man opeens recht in zijn ogen. Trieste ogen, een mager gezicht.

Hij zag er een beetje uit als een Noord-Afrikaan. Dus die hoek van de wereld zou wel moeten kloppen. Dan was er nog een naam die hij het vaakst had opgegeven bij zijn vele tientallen arrestaties: Alice. Dat is voor ons Nederlanders een meisjesnaam, maar dat zegt niets. Zo kan bijvoorbeeld in Frankrijk een man ook Heidi heten.

Ik begon wat te googelen op de naam Alice in combinatie met de landen die hij had opgegeven. En bij Algerije probeerde Google me te verbeteren: 'Bedoelde u Hallice?' Dat zou natuurlijk best kunnen. De Nederlandse politieagent die hem destijds arresteerde had vast niet de indruk dat het om een staatsgevaarlijke terrorist ging of een moordverdachte, waarbij de precies correcte notering van persoonsgegevens van evident belang is. Nee, het ging hier om een drugsverslaafde die voor de zoveelste keer was opgepakt, geen documenten ter verificatie kon geven, de boel aan elkaar jokte en waarschijnlijk beroerd Engels sprak. Dus de vergissing Alice in plaats van Hallice is dan snel gemaakt.

Ik googelde verder op die naam in combinatie met Algerije

en ontdekte dat er een beroemde voetballer genaamd Rafik Hallice bij het nationaal elftal speelde. Ik kon me opeens voorstellen dat je als enigszins opstandige verslaafde bij je zoveelste arrestatie maar wat roept en dan een paar keer uit balorigheid de naam van je favoriete voetballer opgeeft. Op de een of andere manier vond ik de onbekende man er nu opeens ook Algerijns uitzien.

Dus wat doe je in zo'n geval als pragmatisch ingesteld journalist? Je zoekt op internet naar een Algerijns tv-station, pakt de telefoon en probeert in je beste Frans uit te leggen wie je bent en wat je verhaal is. Dat er dus mogelijk een Algerijn al jaren in Amsterdam begraven ligt en er misschien ergens in Algerije onwetende familieleden zijn. De man aan de andere kant van de lijn (genaamd Mohamed) toonde zich een uitermate voorkomende journalist van de tv-zender Ennahar TV. Hij was zeer geïnteresseerd en ik mailde hem de mugshots van de onbekende man. Mohamed zag er meteen een mooi item in en zou er werk van gaan maken, zei hij.

De volgende dag mailde hij me dat er na overleg met de eindredactie volgende week een item met een oproep zou worden uitgezonden. Ik moet toegeven dat ik natuurlijk allerminst zeker wist dat we hier met een Algerijn te maken hadden, dus ik had het allemaal een tikkie zekerder laten klinken in het gesprek. Maar vooruit: alles voor de goede zaak.

Een week later zit ik voor een andere reportage in Jerevan, de hoofdstad van Armenië, als ik op mijn hotelkamer wordt gebeld door een zeer opgewonden Mohamed. De oproep is uitgezonden en binnen een kwartier hing er een huilende man aan de telefoon met een van de redacteurs. Het was de broer van de dode. Hij woonde in Algiers en had de foto's meteen herkend. Het betrof zijn broer Kamel Belilli. Geen Alice of Hallice dus, maar Belilli. En raad eens wat: de geëmotioneerde broer aan de telefoon was ooit in de jaren negentig sterspeler bij het nationale voetbalelftal van Algerije. Er sprongen spontaan tranen in mijn ogen.

Nu moesten we dus een reis naar Algerije organiseren om de broer te interviewen en diens DNA af te nemen, zodat het kon worden vergeleken met het DNA uit het bovenbeenbot van de onbekende dode.

Algerije is sowieso niet het eenvoudigste land om naartoe te reizen. Ik had gezien dat er vrij recent een Fransman was ontvoerd en onthoofd door Al Qaida, die tot vlak bij de hoofdstad Algiers de boel onveilig maakt. Ik zou als in Israël geboren journalist natuurlijk een uitermate lekker snoepje zijn voor deze terroristen.

En probleem nummer twee: normaliter reizen we overal op een toeristenvisum heen. Dan heb je geen gedoe bij de douane en de kans dat ze je in het land oppakken is niet zo groot, zolang je je maar een beetje gedeisd houdt met je camera's. Maar nu moest ik samenwerken met die tv-zender Ennahar TV. Mohamed zou me rondleiden en ik wilde hem ook graag interviewen voor de reportage. Ik zou hem onherroepelijk in grote problemen brengen als achteraf zou blijken dat ik clandestien het land was binnengekomen. Een land dat persvrijheid bovendien niet bepaald hoog in het vaandel draagt.

We besloten daarom voor één keer de koninklijke weg te bewandelen: gewoon een persvisum aanvragen. 'Gewoon' voor Algerije. Want daar doemde probleem nummer drie op. De buitenlandse pers wordt sowieso niet met open armen ontvangen in Algerije, maar een journalist die geboren is in Israël natuurlijk al helemaal niet, want Algerije is een vrij streng islamitisch land. 'Onmogelijk,' had cameraman Joep meteen gezegd toen ik hem sprak over de plannen.

Joep heeft langdurig voor het tv-programma *Vermist* van AVROTROS gefilmd en hij wist me te vertellen dat dat programma herhaaldelijk had geprobeerd een persvisum voor Algerije te krijgen, maar dat het elke keer was afgewezen. 'En dan denk jij dat het jou wel lukt, als journalist die geboren is in Nazareth?' riep Joep – terecht – nogal schamper.

Maar ja, wie niet waagt, die niet wint. Ik belde dus zo onbevangen mogelijk naar de Algerijnse ambassade in Den Haag en legde uit met welk nobel doel ik het land wilde bezoeken. En warempel, ik mocht langskomen en mijn verhaal aan de ambassadeur zelf nog eens doen. Het werd een memorabel bezoek.

Samen met Joep toog ik naar de Van Stolklaan in Den Haag. Daar staat in het groen een mooie villa: de ambassade van Algerije. Op het moment dat je het toegangshek opent en het terrein betreedt, sta je formeel gezien in Algerije. Zo is dat staatsrechtelijk geregeld. Den Haag is met al zijn ambassades een lappendeken van ministukjes buitenland. Zo liepen Joep en ik dus als het ware zomaar Algerije binnen. En inderdaad, in het gebouw rook het naar de Arabische wereld: de geur van specerijen en thee. We werden hartelijk verwelkomd door een vriendelijke medewerker en moesten – uiteraard met een mierzoet glaasje thee – even wachten in een ontvangstruimte.

Na een paar minuten verscheen de ambassadeur. Met een

brede lach werden Joep en ik verwelkomd. De ambassadeur was een tamelijk jonge kerel die helemaal idolaat bleek van Nederland. Hij had hiervoor gewerkt op de Algerijnse ambassade in Soedan en was dus vandaaruit naar Nederland overgeplaatst. Voor hem een droom die uitkwam.

In zijn kantoor vertelde ik het hele verhaal over de onbekende dode man in de kast en dat wij hadden ontdekt dat hij zeer waarschijnlijk Kamel Belilli heette en uit Algiers kwam. De ambassadeur luisterde met open mond. Het verhaal greep hem zichtbaar aan. Ik eindigde mijn relaas met een noodzakelijke disclaimer. 'Maar we hebben wel een groot probleem, meneer de ambassadeur: ik ben weliswaar Nederlander, maar in mijn paspoort staat dat ik in Israël geboren ben.'

Het gezicht van de man betrok, maar niet zo ernstig als ik had gevreesd. Ik voegde er voordat hij iets kon zeggen wat gedragen aan toe dat we nooit moeten vergeten dat we als moslims, christenen en joden allemaal zonen van Abraham zijn. En dat we als broeders onze verschillen voor een zaak als deze opzij moeten kunnen zetten.

De ambassadeur stond op. Hij was duidelijk verrast door mijn kennelijke gevatheid. Met een brede lach gaf hij me een ferme handdruk: 'Ik beloof je hier en nu dat je binnen drie maanden een visum hebt.' En zo kreeg een in Israël geboren journalist in het voorjaar van 2016 waarschijnlijk voor het eerst sinds de onafhankelijkheid van dat land een werkvisum voor Algerije.

Alles goed en wel, hier op de luchthaven van Algiers knijpen we hem toch. Die douanier die ons daar staat op te wachten in zijn hokje ziet uiteraard naast mijn inreisvisum ook mijn geboorteplaats. Joep en ik zijn aan de beurt. Zo argeloos mogelijk melden we ons. De man kijkt streng, precies zoals je dat verwacht hier. Maar als hij onze paspoorten opent en de inhoud met al die stempels nader bestudeert, het visum en mijn persoonsgegevens beziet, maakt zijn strengheid plaats voor boosheid. 'Hoe durven jullie überhaupt hierheen te reizen?' lijken zijn ogen te zeggen. Hij maakt er weinig woorden aan vuil: 'Jullie zijn journalisten. Lever al je apparatuur hier meteen in en meld je morgen bij het ministerie van Binnenlandse Zaken.'

Met hangende schouders doen we wat ons is opgedragen. We lopen met een medewerker van de douane mee naar onze koffers en moeten alles wat erin zit en naar opnameapparatuur riekt afgeven. De man legt de snoeren, stekkers en camera's vrij achteloos op een plank half onder een bureautje in een kantoortje. We kunnen gaan. Op zo'n moment zie je je reportage in het water vallen.

Er bekruipt ons ook opnieuw een angstig gevoel. Dit land heeft een slechte naam als het gaat om persvrijheid, mensenrechten en de kans op terroristische acties. Ik memoreer het nog maar eens. De beelden van de gegijzelde Fransman spoken door ons hoofd als we in de taxi naar het Sofitel vlak bij de haven in het centrum van Algiers zitten. Wat nou als die norse douanier van zonet even een maatje van hem bij Al Qaida belt? Zo van: 'Ik heb wat leuks voor je. Er is zojuist een journalist uit Israël vanaf de luchthaven vertrokken naar het Sofitel. Je kunt hem daar gewoon opwachten.'

Je maakt elkaar op zo'n moment helemaal gek. Joep en ik fantaseren inmiddels over onze aanstaande onthoofding als het hotel opdoemt. Niemand wacht ons op, behalve dan een uitermate vriendelijke receptionist. In de hotelkamer open ik mijn koffer en zie dat de ijverige douanier een klein DV-cameraatje over het hoofd heeft gezien. In het ergste geval moeten we het daar dus maar mee doen. Of we kunnen wat huren van Mohamed van Ennahar TV, bedenk ik om mezelf gerust te stellen.

Ik bel Mohamed en leg hem onze penibele situatie uit. Over de Al Qaida-terrorist en onze aanstaande wisse dood zwijg ik wijselijk. Inmiddels zijn Joep en ik zo opgefokt dat we niet uitsluiten dat Mohamed ook een rol speelt in dit sinistere scenario.

Mohamed zal zich morgen om negen uur melden in de lobby van ons hotel. Onrustig val ik in slaap. Niet in de laatste plaats omdat de airco het niet doet.

De volgende morgen is Mohamed er stipt op tijd. Een aardige vent, dat merken we meteen al. Hij legt uit dat het ramadan is en vraagt of we daar een beetje rekening mee willen houden. Joep en ik beloven plechtig dat we 'volle bak' zullen meedoen met hem. 'Dat betekent dus ook dat je tot zonsondergang niets drinkt, ook geen water,' voegt Mohamed er met een lachje aan toe. Joep en ik slikken. Dit is Noord-Afrika; het is overdag minimaal 30 graden. Maar beloofd is beloofd. We zullen Mohamed niet in verlegenheid brengen, zeker omdat we hem enorm nodig hebben. Enigszins gerustgesteld door zijn vriendelijke houding gaan we eerst naar het ministerie.

Gek genoeg zorgen het ochtendzonnetje en de opgewektheid van Mohamed ervoor dat alle denkbeeldige terroristen van gisteravond een steeds geringere dreiging vormen in onze hoofden. Net zoals je 's nachts kunt liggen malen over allerlei onoverkomelijke problemen, en je dan bij het krieken van de dag niet meer kunt voorstellen dat je je hebt liggen opwinden.

Met een rustig gemoed genieten we van de stad, die we nu voor het eerst bij daglicht zien. Een verrassend mooie stad, erg Frans ook, maar dan zijn de negentiende-eeuwse, statige panden vooral wit en blauw geschilderd. Nergens is een toerist te bekennen. Algiers voelt een stuk beter dan wij dachten. Ik vermoedde een stoffige woestijnstad en rijd nu tot mijn verrassing door een groene, goed onderhouden mediterrane metropool. Het had net zo goed Marseille kunnen zijn, maar dan mooier.

Na een halfuurtje arriveren we bij het ministerie. Samen met Mohamed lopen we naar binnen, waar een sympathieke gesluierde dame ons helpt. Ik moet een pasfoto aan haar geven en binnen tien minuten heeft ze een formulier ingevuld waarmee we ons bij die chagrijnige douanebeambte op het vliegveld kunnen melden.

Onderweg naar de luchthaven schiet Joep in de lach. Maar hij lacht als een boer met kiespijn: hij heeft het felbegeerde document in zijn hand waarmee we onze apparatuur hopen terug te krijgen, maar onder mijn foto staan de persoonsgegevens van Joep. Shit! Als dat zo meteen maar goed gaat.

Zo beland je op reis heel vaak van de ene in de andere onzekerheid. En steeds loopt het weer goed af. Ook nu. De man die wij gisteren Al Qaida-contacten toedichtten is vervangen door een gemoedelijke, corpulente collega. Hij kijkt amper naar de papieren en geeft ons zonder er veel woorden aan vuil te maken onze spullen terug. Mohameds aanwezigheid helpt uiteraard enorm.

Samen met Mohamed gaan we – inmiddels vrij dorstig maar ons vermannend – naar de redactie van het tv-station. En ook hier volgt een verrassing in positieve zin. Wat een ontzettend lieve, aardige, leuke jonge mensen. We worden aan de voltallige redactie voorgesteld en men bekijkt ons als reizigers van een verre planeet. 'Veel mensen uit uw wereld schrikken van moslims zoals wij,' zegt een verlegen vrouw met een hoofddoek. Ze is presentatrice. Ik verontschuldig me. 'Ik niet, hoor,' hoor ik mezelf zeggen.

Even later zit ik naast Mohamed aan zijn bureau. Hij belt de vermeende broer van de dode man uit Amsterdam en vertelt hem dat wij zijn gearriveerd. De man wil ons zo snel mogelijk ontmoeten. Hij is zeer benieuwd naar ons verhaal. En ik naar het zijne. Het wordt een mooi, emotioneel interview in een park boven op een berg aan de rand van Algiers. We zitten vlak onder het Martelaren-monument, dat overal in de stad zichtbaar is.

Kamel bleek altijd een beetje het zwarte schaap van de familie en had in Spanje al eens in de gevangenis gezeten. Zijn ouders en oudste broer hadden geld bij elkaar gelegd om hem met een vals paspoort naar Canada te laten gaan, naar een oom die daar woont, in de hoop dat hij in het veilige, rustige Canada een stabiel bestaan zou kunnen opbouwen. Maar die dekselse Kamel kwam nooit in Canada aan. Via via had de familie vernomen dat hij in Amsterdam was neergestreken. Toch een beetje Sodom en Gomorra, in de ogen van de Algerijnse familie. Men vreesde het ergste en uiteindelijk had men aangenomen dat het dus slecht was afgelopen. En dat was het ook.

Na het mooie interview vraagt Mohamed me mee terug

naar de studio van Ennahar TV. Hij heeft een verrassing voor me. We lopen door een toegangsdeur met ernaast een bord met daarop een pistool met een rode streep erdoor. Geen wapens in de studio. Dat lijkt me billijk.

Of ik wil aanschuiven in zijn programma om te vertellen over onze reis. Ik neem de uitnodiging graag aan en anderhalf uur later zit ik zo uit de make-up op een kruk achter een desk samen met twee presentatoren mijn verhaal te doen voor het hele land. Wie had dat verwacht van een in Israël geboren journalist!

Het mooiste komt nog. Twee dagen later zijn we weer op het vliegveld waar we onze trip zo bang en vol vooroordelen begonnen. Na het inchecken moet ik mijn paspoort weer laten zien aan een douanier. Het gaat deze keer soepel. De beambte kijkt me aan en het lijkt wel alsof hij me herkent. Dat vermoeden wordt een kwartier later in de taxfreezone bij de gate bevestigd.

'Monsieur Cornelis!' hoor ik een man roepen. Het is die norse brombeer die onze spullen zo bruut afpakte toen we arriveerden. Hij heeft nu een brede lach op zijn gezicht en houdt zijn armen wijd. Ik word stevig door hem omhelsd. 'Ik heb u op tv gezien. Mooi wat u voor ons hebt gedaan. Ik hoop dat u een keer terugkomt naar mijn land,' zegt hij duidelijk aangedaan. Ik 'emotioneer' met hem mee en Joep kijkt ontroerd toe. Algerije is van doodenge schurkenstaat in een paar dagen getransformeerd in een warm bad.

Drie dagen na de uitzending ontvang ik een mail van de Algerijnse ambassade. Het is de ambassadeur hoogstpersoonlijk die me bericht. 'Ik heb de uitzending gezien. We waren hier op de ambassade geroerd door de reportage en uw werk. Als u ooit nog eens naar Algerije wilt reizen, bijvoorbeeld voor een vakantie met uw gezin, dan mag u mij rechtstreeks benaderen en zal ik meteen een visum voor u regelen.'

Een van de belangrijkste lessen die ik telkens opnieuw krijg van het vele reizen is: vaar nooit blind op je vooroordelen over een land of zijn bewoners voordat je er zelf bent geweest.

Met hulp van de Nederlandse ambassadrice in Algiers is er DNA afgenomen van Kamels broer en naar de politie in Amsterdam gestuurd. Ze waren inderdaad broers. Kamel heeft sinds 2016 een naambordje op zijn graf.

17

De poppen van de Commissarisweg

Paramaribo, november 2019

Het is heet in de wijk Tout Lui Faut, lokaal beter bekend als Tilifo, aan de zuidgrens van Paramaribo. Samen met collega Dide loop ik een pad op dat vanaf de Commissarisweg naar een aantal erfjes leidt. Ben ik bang? Ik twijfel. Ga ik op deze macabere plek eindelijk definitief afrekenen met een jeugdtrauma? Ik hoop het. De reden van deze reis naar mijn geliefde Suriname is een even bizar als ongeloofwaardig verhaal.

Het begint in de jaren negentig, als de politie in verband met een verdacht overlijden van iemand een inval doet in een woning in Amsterdam. Het blijkt de woning te zijn van een van oorsprong Surinaamse bonuman, een soort toverdokter in de Surinaamse winti-traditie. Tijdens de huiszoeking treffen agenten onder meer vier grote plastic speelgoedpoppen aan. Ze dragen geen normale poppenkleertjes, maar zijn omwikkeld met kleurrijke lappen. En ze zijn zwaarder dan je zou verwachten. Er lijkt iets in de poppen te zitten. Als ze voorzichtig worden opengemaakt, bevatten de poppen uitgedroogde babylijkjes. Er gaat een huivering door de Amsterdamse politiemensen die bij de zaak betrokken zijn. Onderzoek wijst uit dat enkele van die baby's doodgeboren moeten zijn, mogelijk afkomstig van abortus. Ten minste eentje ervan heeft na de geboorte nog geleefd en draagt zelfs nog een navelklem.

De nuchtere Nederlandse politie weet zich nauwelijks raad met de vondst. Het is onduidelijk wanneer de baby's in de poppen zijn gestopt, en ook de reden van deze schijnbaar rituele horrordaad blijft altijd raadselachtig. Een van de weinige details die worden vastgesteld is dat de poppen afkomstig zijn uit Suriname en dat ze in ruimbagage van een vliegtuig naar Nederland zijn gesmokkeld.

De toverdokter houdt zijn kaken stijf op elkaar en krijgt een relatief lichte straf. De affaire raakt de jaren erna bij velen in de vergetelheid, behalve bij de direct betrokken politiemensen. En zo verneem ik in 2019 bij toeval het verhaal. Een zaak die om nader onderzoek schreeuwt, lijkt mij. Want wat bezielt iemand in hemelsnaam om zoiets te doen? Waar komen de baby's vandaan en wat voor onmenselijke rituelen zouden hiermee zijn uitgevoerd? En – ook niet misselijk – het gaat hier over de smokkel van babylijkjes.

Het spoor leidt naar de Commissarisweg in Paramaribo (ik kan verder geen namen noemen), de stad waar ik van 1976 tot 1979 heb gewoond en waar ik heel gelukkig was.

Behalve tweemaal.

Tijdens een kerkdienst van de Evangelische Broedergemeente (EBG) was ik als jochie van amper veertien getuige van een heuse exorcist die een duiveluitdrijving verrichtte. Tenminste, daar moest het op lijken. Tijdens het slotgebed na de preek schrokken de aanwezige gelovigen – die dus op dat moment devoot en met gesloten ogen in de banken zaten – op van een ijselijke schreeuw. Ook ik was er getuige van dat in een van de voorste banken een Surinaamse vrouw rechtop stond en het letterlijk uitkrijste. Ze liep schokkend naar het gangpad en wierp zich voor de voeten van de dominee schreeuwend en stuiptrekkend ter aarde.

De dominee begreep meteen wat er gaande was en begon niet háár maar de duivel die blijkbaar in haar was gevaren met luide stem toe te spreken. 'Ga uit haar!' hoorde ik hem roepen. Het schreeuwen, stuiptrekken en zelfs overgeven duurde enkele minuten, waarop de boze geest na herhaalde bezweringen van de dominee er blijkbaar de brui aan gaf en de dame volkomen uitgeput in haar eigen braaksel voor het spreekgestoelte achterliet. Ik was verstijfd van angst; een angst die maanden aanhield. Want ik wist nu dat er dus onzichtbare machten rondwaarden die zomaar in je kunnen kruipen.

Suriname is een land van winti's – bovennatuurlijke geesten – en vooral ongelooflijk enge wintiverhalen. Iedereen heeft in zijn vrienden- of familiekring wel een horrorverhaal over een bakru – een kwade geest – die iets heeft aangericht. Zo'n geest komt meestal in de vorm van een half-mens en half-dier, een plotselinge blindwording, een rituele verkrachting door een slang, of iets anders vrolijks.

Hoe dan ook, mijn angsttrauma was na maanden rillend in bed liggen eindelijk tanende toen zich een tweede incident voordeed. Ik was op junglekamp met een stuk of twintig leeftijdsgenoten bij Republiek, een klein resort op een uurtje rijden ten zuiden van Paramaribo. We sliepen een week in hangmatten in houten barakken in het oerwoud. Tijdens een kampvuur werden natuurlijk de wintiverhalen door de kampleiding van stal gehaald. Ik voelde onmiddellijk de verlammende angst weer terug in mijn lijf kruipen.

Het leek echter aanvankelijk allemaal goed te gaan en ik merkte dat ik opgelucht was en vlot van onderwerp kon switchen met een vriendje dat naast me zat. Tijdens ons babbeltje over de beesten in de prachtige jungle om ons heen kwam een van de kampleiders opeens aanhollen. Hij zag doodsbleek en vroeg om stilte. 'De duivel heeft een van ons bezocht,' stamelde de man.

Ik raakte meteen in grote paniek en trilde als een rietje op mijn stoel. Weer! De kampleider vervolgde dat de kleren van de jongen zojuist verderop ritueel waren verbrand en dat de geest hem had verlaten. Toen werd de naam van het slachtoffer genoemd: het was de jongen die in de hangmat naast de mijne lag. En we moesten nog twee nachten!

Het heeft jaren geduurd voordat ik eroverheen was en ik kon beseffen dat het oproepen van angsten bij sommigen nu eenmaal dit effect kan hebben. Dat de oorzaak van zulke aanvallen geen kwade geesten zijn, maar een in aanleg vatbare geest van het slachtoffer zelf. Toch mijd ik sinds die dag horrorfilms over dit thema.

Nu wandel ik dus precies veertig jaar later door datzelfde Suriname. En ik ga zo de confrontatie aan. Want aan het einde van dit zandpad moet volgens onze bronnen een erf zijn waarop de woning staat van een zeer beruchte bonuman. Zijn naam is Pa Filip. Hij is de toverdokter die de poppen uit de Amsterdamse woning destijds heeft geprepareerd en ze naar Nederland heeft laten smokkelen. Zou hij er nog wonen? Zou er nog iets over zijn van zijn horror-atelier? Zouden hier nog geesten rondwaren? Zou ik bang worden op deze plek?

Maar ik merk dat ik juist rustiger word. Ouder, gelatener. Er borrelt zelfs iets van bravoure in me op als we het hek van het erf naderen. Laat die geesten uit het verleden maar lekker de kolere krijgen, mompel ik in mezelf. Dit had ik eigenlijk niet van mezelf verwacht.

Een hond blaft bij onze komst. Ik rammel aan het hek en het blaffen wordt agressiever. Er verschijnt een tengere man aan het hek. Hij is te jong om de toverdokter te kunnen zijn. Ik vraag het hem. 'Dat was mijn vader. Hij is al jaren dood,' zegt de man. 'Mijn vader was een zeer belangrijke bonuman in Suriname,' voegt hij er niet zonder trots aan toe.

De zoon blijkt een aardige vent te zijn die zonder aarzelen het hek voor ons opent en ons op zijn erf laat. Ik zeg hem niet wie ik ben, maar alleen dat we hadden gehoord van de bijzondere rituelen die hier zouden zijn voltrokken en dat we toevallig in de buurt zijn.

Hij stelt amper vragen en gaat ons voor naar het huis van de familie. Ik vraag de zoon nu maar op de man af of zijn vader ook rituelen heeft verricht met babylijkjes. Hij reageert geheel tegen de verwachting in opgetogen en bevestigt een beetje triomfantelijk dat dat inderdaad een van de bezigheden van wijlen zijn pa was.

Gek hoe makkelijk het soms kan gaan in het leven van een journalist. Met slechts een verhaal van horen zeggen op zak en zonder dat iemand door ons naar deze plek is vooruitgestuurd, zijn we zelf de 10.000 kilometer naar de voormalige kolonie afgereisd. En na doodsimpel even aan een hek rammelen sta ik nu opeens op waarschijnlijk de meest lugubere plek waar ik ooit in mijn leven zal belanden.

We lopen achter hem aan naar een wrakke, door planten overwoekerde schuur in de tuin. Niet zonder trots draait de zoon zich naar ons toe en zegt: 'Hier is het allemaal gebeurd.'

Terwijl een grote kiskadie – een vogel die vanwege zijn roep hier 'grietjebie' wordt genoemd – een soortgenoot in de verte lijkt te versieren, loop ik toch een beetje voorzichtig naar dit 'onheilige der onheiligen'. Alsof het moet, steek ik mijn arm uit en raak met mijn vlakke hand de houten buitenwand aan. Ik voel niets.

Er is een kier tussen de planken en ik probeer naar binnen te kijken, maar de naad is te klein. Terwijl ik de geesten uit mijn verleden uitdaag, vertelt de man dat zijn vader in deze schuur met enige regelmaat babylijkjes in poppen stopte. Dat zijn pa die lijkjes onder meer bij het mortuarium in de stad kocht. En dat de poppen met de weerzinwekkende inhoud vooral werden gebruikt door drugssmokkelaars. Voor criminele activiteiten dus.

Drugssmokkelaars menen dat ze na een ritueel met een foetuspop onzichtbaar worden voor douaniers. Dus dat de cocaïne die ze naar Nederland smokkelen niet gevonden wordt, nadat ze eerst hier in deze schuur getuige zijn geweest van de gruwelijke toverkunsten van wijlen Pa Filip.

Met droge ogen verzekert de man me dat de poppen – zodra ze zijn gevuld met een foetus en na het ondergaan van een mystiek ritueel door zijn vader – opeens tot leven kunnen komen, hun ogen opensperren en in een snelle beweging opspringen en stokstijf rechtop blijven staan terwijl ze je aanstaren. Ik had eerder al een getuige gesproken die me verzekerde dat dit ook precies was wat zij in deze schuur halverwege de jaren negentig had gezien, waarna ze volstrekt begrijpelijk een levenslang trauma had opgelopen.

Gek hoe het werkt in het brein van een journalist. In plaats van nu opnieuw een oude angst te herbeleven, voel ik vooral opwinding over de journalistieke bijzonderheid die ik zojuist hoorde.

Terwijl ik een kleine camera uit mijn zak vis, loop ik door de struiken naar de achterzijde van de schuur. Daar bevond zich ooit een raam, maar nu resten slechts een verrot kozijn en een gat. Nog steeds verrast over mijn eigen onverschrokkenheid en puur gedreven door nieuwsgierigheid laat ik mijn ogen aan het donker wennen.

En dan is daar de bevestiging.

Op de grond, tussen wat rommel, ligt een pop. Precies op dezelfde manier omwikkeld als de poppen die in Amsterdam waren gevonden. 'Zit er nog een foetus in?' vraag ik aan de zoon. Hij verzekert me van niet. Maar hij wil ook niet dat ik de schuur betreed en het zelf ga onderzoeken.

Even later lopen Dide en ik weer over het zandpad, het horrorhuis achter ons. Er schiet een zin uit 'Tower of Song' van Leonard Cohen door mijn hoofd: '*So you can stick your little pins in that voodoo doll. I'm very sorry, baby, doesn't look like me at all. I'm standing by the window where the light is strong.*'

In de auto zet ik *Sicilienne* uit het Italiaanse concert van Bach op.

In Suriname liep ik een trauma op. In Suriname schudde ik het definitief van me af.

18

Monday de held

Benin City, september 2019

Je hebt helden en je hebt HELDEN. Monday is er eentje in de categorie met hoofdletters. De buitencategorie.

Inmiddels is Nigeria een makkie voor ons. We zijn er nu voor de derde maal en het begint aardig te wennen. De roadblocks, de corrupte politie, je de hele tijd verschuilen achter geblindeerd glas als je in een auto van A naar B moet, de als forten beveiligde hotels. Kortom: de voortdurende dreiging van overvallen, beroving en kidnapping.

Deze keer gaat het om een oplichter in de cryptohandel en zijn we via gps-uitpeiling in Benin City uitgekomen. Dat is een hoogst onaantrekkelijke stad zonder herkenbare landmarks, met veel armoede en een onafzienbare stroom van mensen die langs de kant van de weg op de daar overal verspreide markten eten bij elkaar scharrelen. We zijn gisteren gearriveerd op de luchthaven van Lagos en vandaag hier aangekomen na een rit van zes uur over ruim 300 kilometer snelweg met om de paar kilometer een politiepost.

Twee reizen geleden vertrouwden we nog blind op Bond, de man die ons hielp in de Niger-delta en die ik kende van een eerdere reportage in buurland Benin, dat overigens weer niets te maken heeft met Benin City waar we nu zijn. Geheel volgens Nigeriaanse traditie bleek Bond toch ook corrupt. Destijds had hij smeergeld dat bedoeld was voor de politie in eigen zak gestoken. Toen ik hem een jaar later in Lagos toch opnieuw inhuurde, kwam hij opeens met een zwager aanzetten. Die had zogenaamd de auto gehuurd, tegen ruim het dubbele bedrag van wat gangbaar is. Hij verlangde ook voor hen beiden een hotel plus 400 euro salaris per dag per persoon. Dat ligt zelfs nog boven het tarief van mijn Nederlandse cameraman. Toen ook nog eens de extreem dure huurauto zogenaamd kapotging en er een peperdure reparatie bij een 'oom' van hem noodzakelijk bleek, heb ik hem vriendelijk bedankt.

Zonder auto en zonder chauffeur heb ik me toen in redelijke wanhoop maar tot de receptie van mijn hotel gewend met de simpele vraag of men een auto plus chauffeur te huur had. Dat kon. Hij had een mooie Chrysler Voyager en die kostte me 120 dollar per dag inclusief chauffeur. En die chauffeur was Monday, een nuchtere, fijne kerel en wars van elke vorm van corruptie. Zo zie je maar hoe eenvoudig je in zo'n land ook tegen de goeie aan kan lopen.

Nu dus reis drie in dit bijzondere land. Met Monday deze keer. We rijden stapvoets over een ongeasfalteerde hobbelweg in Benin City. Links en rechts herinneren grote plassen aan de tropische plensbui van afgelopen nacht. Monday stuurt er behoedzaam omheen. Je weet immers nooit hoe diep de plassen zijn; ze kunnen zomaar een sinkhole verbergen.

Links voor ons doemt de uitgepeilde locatie op: een blauwig dak, een groot huis. En ja hoor, ook zoals zo vaak: een hoge muur, een stalen toegangspoort en prikkeldraad erbovenop. Altijd weer lastig. Je weet dankzij de gps-peiling en de beelden van de selfiecam waar de boef zit en hoe hij eruitziet. Maar hoe kom je in vredesnaam bij hem als hij zich schuilhoudt in een groot gebarricadeerd fort, misschien met vele handlangers?

Gek eigenlijk dat we dit scenario vooraf allang konden vermoeden, maar dat telkens de opwinding van de haarscherpe foto's en de griezelig nauwkeurige locatie van een tot dan toe onbekende crimineel ons zo in vervoering brengt dat we weer subiet een vlucht boeken. Aan de andere kant is improvisatie de kracht die ons – tot nu toe op een zeer enkele uitzondering na – nog nooit in de steek liet.

We rijden langs het pand van de boef en ik vraag Monday om verderop, net om de hoek van een zijstraat, even te parkeren voor overleg. De straat waar we stoppen is een brede weg, ook zand en drassig. Er lopen her en der mensen, maar ze lijken ons niet op te merken.

Ik moet erbij zeggen dat we deze keer niet in de gebruikelijke auto van Monday zitten, maar in een vervangende sedan, zonder geblindeerde ramen. Monday heeft daarom uit voorzorg van die zonneschermpjes met zuignappen op de ramen achterin geplakt. Het zijn van die dingen die je op vakantie naar Zuid-Frankrijk tegen de ruiten plaatst zodat de kids achterin het niet te warm krijgen. Ze bieden enige bescherming tegen nieuwsgierige blikken, met de nadruk op 'enige'. Als je twee keer goed kijkt, zie je Joep en mij gewoon pontificaal zitten. Het heeft weinig zin om lang over zoiets na te denken. We zijn hier nu, en dit zijn de riemen waarmee we moeten roeien. 'Geen gezeur en gaan' is ons veelgebruikte credo ook nu weer.

Ik vraag Monday of hij een kijkje wil gaan nemen bij het toegangshek van de woning van de boef. In het voorbijrijden zagen we al dat het een traliehek was, waardoor je de binnenplaats en de woning goed kon zien. Ik toon hem de foto van de crimineel die we zoeken. Monday krijgt nu een bril op met in een van de pootjes een verborgen camera. Een beetje tricky is het wel. Aan het einde van de brillenpoten zit een snoertje dat naar een recorder leidt, die weer onder zijn shirt door in Mondays broekzak zit. Maar hij heeft een kale kop, dus moet de kraag van zijn polo hoog worden opgetrokken om te voorkomen dat dat snoertje opvalt. Monday vindt het allemaal prima. Hij is immers gewoon een lokale voorbijganger die even naar binnen tuurt. En zo verlaat hij onze auto en verdwijnt even later om de hoek van de straat waar het pand zich bevindt.

Joep en ik zitten nu tamelijk onbeschermd achter in een Nigeriaanse auto met zonneschermpjes. De sleutel zit nog in het contact en de motor draait, om de airco te kunnen laten werken. Geen overbodige luxe, want het is buiten minstens 32 graden.

Dan valt ons pas op hoe druk het eigenlijk is in deze straat. Er lopen allerlei figuren rakelings langs onze auto. Sommigen kijken naar binnen, maar lijken vooralsnog niets op te merken. Een beetje ongemakkelijk voelen we ons wel. Monday zal zo wel terug zijn, stellen we onszelf gerust. Hij hoeft alleen maar met de verborgen camera een vlugge inspectie uit te voeren. We willen alleen maar even weten hoe het er allemaal uitziet achter dat hek, voordat we een plan gaan smeden om de boef uit zijn tent te lokken.

Maar na tien minuten is Monday nog niet terug. Net als we ons enige zorgen beginnen te maken, klinkt er een schelle piep uit Joeps telefoon. We zitten te lang stil en de gezondheidsmonitor (Joep heeft altijd de laatste gadgets) geeft aan dat het tijd is om 'zijn romp te bewegen'.

Gek genoeg slaat onze bezorgdheid van zonet in één keer om in meligheid. We starten met onze gezichten in de plooi een aantal rek- en strekoefeningen om het horloge tevreden te stellen. Terwijl de auto zichtbaar een beetje wiebelt, proberen we zo synchroon mogelijk de armen te buigen, de knieën op te trekken en met korte rukjes onze romp te draaien. *Nederland in Beweging* kan er nog een puntje aan zuigen. En zo verstrijken er weer vijf minuten.

Na ons jolige intermezzo slaan de zorgen weer toe. Hoe kan Monday er nou een kwartier over doen om kort door een hek 50 meter verderop te loeren? Een enkele voorbijganger kijkt inmiddels ook iets langer dan normaal in onze auto met draaiende motor en zonder chauffeur achter het stuur. Stel dat iemand erin springt en hem probeert te jatten met ons er nog in? Allemaal rampscenario's schieten inmiddels door ons hoofd. Uitstappen en even poolshoogte nemen is totaal geen optie hier.

Monday bellen natuurlijk wel. Maar hij neemt niet op. Nu worden we langzaam maar zeker wanhopig.

We staan met onze kont naar de zijstraat van de boeven geparkeerd. Naast ons is een groot hek van een ander huis, en dat gaat opeens open. Een paar mannen komen naar buiten en kijken geërgerd naar die auto met draaiende motor waar niemand in zit. 'Of zit er toch iemand in?' lijken hun vragende gezichten te zeggen. Ze turen drie keer door de voorruit, en Joep en ik maken ons zo klein mogelijk. De mannen draaien zich om en wandelen weg.

Ik kijk voor de zoveelste keer hoopvol achterom. En dan opeens zie ik Monday! Hij komt net de straat uit, maar loopt niet naar de auto. In plaats daarvan zwaait hij gehaast naar een tuktuk die verderop komt aanrijden. Hij holt erheen, terwijl hij schichtig achteromkijkt. We zien Monday vervolgens in de tuktuk springen en druk gebaren dat de chauffeur snel moet wegrijden. Wat is daar gaande?

Terwijl de tuktuk optrekt en langs ons heen rijdt, kijkt Monday opzij. Hij gebaart iets in onze richting met zijn arm. Hij kijkt gespannen, maar het wordt ons niet helemaal duidelijk wat hij bedoelt. De tuktuk met Monday verdwijnt over de zandweg waaraan we staan in de verte. Weer bel ik hem, maar er wordt opnieuw niet opgenomen. Joep en ik krijgen het nu ronduit benauwd. Is Monday op de vlucht? Wat heeft zich daar om de hoek achter ons het afgelopen halfuur afgespeeld?

De onzekerheid en toch ook wel de paniek die zich van ons meester maakt, werkt verlammend. We weten niet wat wijsheid is. Monday zou ons nooit zomaar in de steek laten. Nu achter het stuur springen en naar ons hotel rijden is niet alleen laf, maar ook buitengewoon gevaarlijk. Want op dat moment ben ik achter het helderwitte glas van de voorruit een wel heel makkelijk doelwit.

Koortsachtig wegen Joep en ik de opties af. We zijn zo druk met onszelf dat we niet zien wie er allemaal langs de auto lopen. Dat zal later pas duidelijk worden als we de GoPro-camera uitlezen, die continu blijft opnemen en van onder de binnenspiegel de straat voor ons vastlegt.

Er verschijnen namelijk enkele louche types vanuit de straat waar Monday vandaan kwam rennen. Ze passeren onze auto op nog geen halve meter afstand en banjeren boos in de richting waarin de tuktuk verdween.

Monday wordt achternagezeten en denkt inmiddels – een halve kilometer verderop bij een drukke markt – veilig te zijn, zo horen we later. Hij heeft zijn taak als onopvallende observant iets te serieus genomen en is het hek, dat open bleek te zijn, binnengegaan. Met een smoesje probeerde hij bewoners met zijn bril voor ons te filmen. Dat lukte, maar ze kregen argwaan. Criminelen houden niet van pottenkijkers, ook niet in Nigeria. Tijdens het gesprekje met de boeven groeide de achterdocht en moest Monday steeds meer uitleggen. Toen hij doorkreeg dat het link begon te worden wilde hij weglopen, maar hij werd telkens aan de praat gehouden terwijl meer bewoners van het verdachte pand hem steeds intimiderender begonnen te bevragen. Zo rustig mogelijk bleef Monday ontwijkende antwoorden geven, tot hij het op een hollen zette en in de tuktuk sprong. Zijn armgebaar aan ons wilde zeggen: ‘Beweeg niet. Wacht af. Ik kom later terug.’

Maar op dat moment weten wij dat dus allemaal niet, en een inmiddels groeiend aantal Yahoo-boys uit de woning passeert onze auto, op zoek naar Monday. Een van hen heeft een knalgeel shirt aan met de afbeelding van een enorme gouden revolver. Om het gezelschap maar even te typeren.

Alhoewel we op dat moment niet weten wie ze zijn, raken Joep en ik toch in paniek. Voor de zoveelste keer bel ik Monday, weer zonder resultaat. We besluiten rustig te blijven en af te wachten. In het uiterste geval kan ik natuurlijk altijd nog wegscheuren. We maken ons nu uiteraard ook steeds meer zorgen om Monday zelf.

De minuten tikken tergend langzaam weg. En dan, na zeker vijftig minuten, belt Monday ons en hij klinkt gehaast. 'Ze houden me vast. Ik kan niet weg. Ga naar de politie.' Dan wordt de verbinding verbroken.

Joep en ik kijken elkaar geschrokken aan. Heel vlug wegen we onze kansen. De politie bezoeken is nu niet slim. Hoewel Monday acuut gevaar loopt, verwachten Joep en ik niet dat de politie ons zal helpen. Bovendien hebben we geen idee waar Monday wordt gegijzeld.

Naar het hotel dus. Zonder nog lang te dubben stap ik uit en duik zo vlug mogelijk op de chauffeursstoel voor me. Een voorbijganger kijkt alsof hij water ziet branden. Ik geef gas en hobbel van plas naar plas de straat uit, terwijl Joep de navigatie-app van Google Maps instelt op ons hotel. Gelukkig is het maar 4 kilometer.

Monday belt weer, maar de verbinding wordt meteen verbroken. Joep en ik vrezen het ergste.

Binnen de veilige muren van ons hotel kunnen we beter nadenken en een plan maken, zo redeneren we. Bovendien kunnen we daar de situatie bespreken met de hotelleiding, die ik toevallig die ochtend uitgebreid had gesproken over het feit dat onze premier gewoon op de fiets naar zijn werk gaat. Toen ik de foto's van een appel etende Mark Rutte bij het Binnenhof toonde aan de directrice gierde ze het uit. Ze is nu onze vriendin, bedenk ik.

We draaien een verharde weg op als de dame van de navigatie-app (Gerda noem ik haar altijd, omdat ze een Gerda-stem heeft) me linksaf dirigeert. Zonder het te weten rijden we op nog geen 30 meter van een bushokje waar Monday op ditzelfde moment door enkele gespierde Yahoo-boy's, inclusief de man met het pistoolshirt, wordt vastgehouden. Ze willen nog steeds onder ernstige dreigementen precies weten wie hij is en waarom hij aan het rondneuzen was.

Maar Joep en ik weten van niets en kijken verschrikt voor ons uit. Een roadblock in de verte. We moeten er van Gerda langs. Ik rijd toch maar door. Als we naderen, gebaart een militair me te stoppen. Dan ziet hij me pas goed en zijn blik verandert van streng in zeer verbaasd. Zo natuurlijk mogelijk, en met een totaal-niets-aan-de-hand-blik groet ik vriendelijk en gebaar dat ik rechtdoor moet. Hij laat me doorrijden, maar snapt er duidelijk niets van.

Door zeer velen nagestaard maar zonder kleerscheuren komen we tien minuten later aan bij ons hotel. We zijn veilig. Maar Monday, hoe zit het met hem? Ik parkeer zijn auto voor het hotel, met zicht op de ingang. Om te voorkomen dat we opvallen of dat bijvoorbeeld nieuwsgierige politie vervelende vragen gaat stellen, rukken we alle apparatuur uit de auto en stoppen die in een plastic tas. Ik draai me om en zie Monday de hotelpoort binnenwandelen. Op zijn gezicht een brede grijns, een lach van overwinning.

Joep en ik hollen erheen.

Hij was inderdaad gegijzeld en kon ons niet bellen. Maar hij had zich eruit gebluft door voet bij stuk te houden dat hij een kennis zocht met de naam Friday. Hoe verzin je het! Uiteindelijk had hij gezegd dat de politie er maar bij moest komen en omdat het rondom het open bushokje druk was, lieten de mannen hem uiteindelijk gaan. Monday heeft op deze manier ons hachje gered, dat beseffen Joep en ik terdege. Terwijl de ene chauffeur je op allerlei manieren probeert te beduvelen, legt de ander zonder blikken of blozen zijn leven voor je in de waagschaal.

Monday's verborgen camerabril heeft alles feilloos vastgelegd. De beelden tonen een angstige situatie. Ik denk dat de meeste mensen in paniek ons zouden hebben verraden. Maar Monday besefte dat wij kwetsbaar en onwetend in de auto tussen de Yahoo-boys groot gevaar liepen en bleef in zijn rol.

Het hele avontuur pakte overigens fantastisch uit in ons voordeel. Samen met Monday hebben we namelijk meteen aangifte gedaan van de bedreiging, en daarbij en passant gemeld dat wij hadden ontdekt dat het om Yahoo-boys ging. De politie greep meteen in en heeft de hele bende opgepakt, inclusief de door ons uitgepeilde crypto-oplichter.

En Monday is vanaf die dag onze held. Nooit zal ik meer door Nigeria reizen zonder Monday!

19

Voor 250 dollar Amerikaans staatsburger

Los Angeles, maart 2018

Taxichauffeurs zijn goud waard, waar ook ter wereld. Ze kennen hun stad beter dan de lokale politie. Een taxichauffeur voert immers in feite een soort doorlopende surveillance uit. Hij of zij komt overal, ziet alles, en werkt op elk tijdstip van de dag en de nacht.

Daar komt nog eens bij dat de taxichauffeur een anoniem klankbord is voor de passagier. De arts die net een patiënt zag overlijden, de advocaat die zojuist een rechtszaak voor zijn cliënt verloor, de bakker die bijna failliet gaat door gestegen meelprijzen, de man die spijt heeft van zijn vreemdgaan, en de oplichter die op de vlucht is. Allemaal storten ze hun hart uit bij die anonieme man of vrouw achter het stuur. De persoon die zo meteen als ze zijn uitgestapt anoniem weer door de stad wordt opgeslokt en bij wie elk geheim veilig is. Hoe meer ik reis, hoe rotsvaster ik overtuigd raak van de onschatbare waarde van de taxichauffeur.

Momenteel rijden we door Los Angeles voor mijn programma *Oplichters in het buitenland*, op zoek naar buitenissigheden die een toerist kunnen overkomen. In de vier dagen dat we hier zijn, hebben we inmiddels voldoende toeristenvallen bij elkaar gesprokkeld voor een mooie uitzending. Ik kreeg bijvoorbeeld een heuse matpartij met Chewbacca, het harige karakter uit de *Star Wars*-films. Op The Walk of Fame in het centrum van Hollywood stikt het van de verklede sjacheraars die als Superman, Elvis, Minion of dus Chewbacca met toeristen op de foto willen. Tegen betaling, uiteraard. De meesten zijn vriendelijk en bieden zich beleefd aan, meestal na een schalks een-tweetje met een kind uit een langswandelend gezin, voor een fotootje als herinnering aan de beroemde straat met de sterren.

Toen wij (Kim, Joep en ik) vanaf een terrasje de bezigheden van deze figuren observeerden, viel meteen al het gedrag van Chewbacca op. Zijn kostuum was ronduit goor. Als een stinkende natte hond die net door de regen had gelopen, banjerde hij vloekend en tierend van toerist naar toerist. Door zijn gedrag ontving hij steeds vaker nul op het rekest, wat de geschrokken gezinnetjes steevast op een uitgestoken middelvinger van hem kwam te staan.

Het leek me leuk om deze opstandige Wookiee-copiloot van het ruimteschip van Han Solo uit *Star Wars* eens een beetje uit te dagen en hem dan gewoon midden op straat zijn masker van zijn kop te trekken. Dus dat deed ik, met enorme ophef en politieassistentie tot gevolg.

Verder werden we nog besodemieterd op Venice Beach door zogenaamde verkopers van medicinale wiet. Het verhaal gaat (en dat was ooit ook zo) dat je in de VS een doktersverklaring nodig hebt om legaal te kunnen blowen. Die doktersverklaring kun je 'kopen' door je op Venice Beach te laten keuren door een nepdokter. Veel te duur uiteraard, en de wiet die je dan met je verkregen verklaring in een medicinale winkel haalt, kost ook nog eens klauwen met geld. En dat terwijl je in het centrum van LA zogenoemde MedMen hebt: gelikte, knalrode winkels in de stijl van Apple Stores met alle denkbare soorten cannabis en aanverwanten uitgestald in grote etalages, vrij toegankelijk voor eenieder die met een ID-bewijs kan aantonen dat hij of zij boven de eenentwintig is. Het is verdorie beter gereguleerd dan in het vrijgevochten Amsterdam.

Ook leuk om te vermelden is ons ritje langs de sterren dat we van de week hebben gedaan: een soort safari in Beverly Hills langs de woningen van beroemdheden als wijlen Michael Jackson, Justin Bieber en niet te vergeten de openbare toiletten waar George Michael ooit betrapt werd op ruige seks met een andere meneer, wat hem inspireerde tot de hitsingle 'Outside'.

Afijn, we hadden genoeg ditjes en datjes om een aantrekkelijke aflevering te vullen, en dan is het leuk om te kijken of je nog iets extra's kunt scoren. We hadden bedacht dat het interessant zou zijn om ook de enorme contrasten in deze stad te laten zien. Daarom zijn we nu onderweg naar Skid Row, een van de beruchtste buurten van LA. We zijn onderweg met een uitermate onderhoudende taxichauffeur. Zoals ik al memoreerde zijn deze mensen doorgaans je beste gids, de experts van de stad. Je moet natuurlijk een beetje mazzel hebben, maar deze man is goud waard. Hij komt oorspronkelijk uit Iran en babbelt honderduit. Zeker nadat ik hem vertel wie we zijn en wat we komen doen.

Skid Row is nog erger dan we dachten. Het toont de schaduwkant van de Amerikaanse samenleving; een beeld dat onmogelijk in Nederland zou kunnen voorkomen. Straat na straat zien we op de stoepen een onafzienbare rij gammele tentjes en kartonnen dozen: de schamele onderkomens van duizenden daklozen, dolende zielen, verwarde geesten, verslaafden en ander verloren en vergeten volk. Weggestopt op amper tien minuten rijden van The Walk of Fame en twintig minuten van de wanstaltige rijkdom van Beverly Hills. We zijn stil van de schok terwijl onze Iraanse chauffeur de taxi straat na straat in draait. Hij vindt het onverstandig om hier uit te stappen. En eerlijk gezegd zie ik het nut van uitstappen ook niet in.

'Zal ik ook Compton aan jullie laten zien?' vraagt hij na een poosje, in de hoop dat we zijn rit en daarmee ook de meter nog even laten doorlopen. Compton is eveneens een beruchte buurt, gevaarlijker zelfs dan Skid Row. Niet zozeer vanwege de verslaafden en de daklozen, maar meer vanwege de snoeiharde straatcriminaliteit. We gaan akkoord. Wat kan ons in een rijdende taxi gebeuren? Ook de chauffeur geeft aan dat we veilig zijn, zolang we blijven rijden en dus vooral niet uitstappen.

In Compton ontvouwt zich voor onze neus een complete filmset vol louche figuren onder de gezichtstattoo's die allerlei duistere handeltjes lijken te voeren. De straten zijn druk met langzaam rijdend verkeer, aan hun auto sleutelende mannen en veel voetgangers. Je hebt steeds het onbestemde voorgevoel dat je elk moment in een bendeoorlog verzeild kunt raken. 'Hier is alles te koop,' zegt de Iraniër opeens uit het niets en met een duidelijk gevoel voor pathos. 'Noem eens wat?' vraag ik uitdagend.

Hij kijkt ondeugend langs me heen. Ik zit voorin en terwijl hij zijn buitenspiegels checkt, zegt hij een beetje samenzweerderig: 'Een Green Card bijvoorbeeld.' Voor bij wie er geen belletje gaat rinkelen: een Green Card – officieel United States Permanent Resident Card – is zo'n beetje het meest gewilde pasje van heel Amerika. Het geeft je toestemming om in de States te wonen en te werken.

Ik kijk hem aan en realiseer me dat dit een dijk van een uitsmijter van onze uitzending kan worden. 'Waar dan?' vraag ik brutaal.

De chauffeur lacht. 'Veel te gevaarlijk voor jullie. Dan moet je hier uit de auto stappen en gaan rondvragen. Dat is sowieso al link voor een toerist. Maar ze zullen ook denken dat je van de politie bent, een undercover. En dan ben je helemaal aan de beurt.'

Ik kijk naar achteren, waar Kim en Joep het aanhoren en realiseer me dat de chauffeur nog niet eens de kans heeft meegewogen dat zo'n bendelid ontdekt dat hij met verborgen camera's wordt gefilmd. Toch zie ik geen resoluut afkeurende blikken. De Iraniër voelt dat we niet voor de poes zijn en zucht. Hij kijkt door de voorruit naar de hemel in een kennelijke poging contact met het Opperwezen te krijgen, die dit uiteraard ook een raar plan zal vinden. Een beetje wanhopig wendt hij zijn blik weer tot mij. 'Oké, ik zet je daar op de hoek af. Vraag maar aan die dame daar.' Hij wijst naar een vrouw met een zwarte, gebreide muts en een grijze sweater op een meter of tien voor onze taxi.

Kim en ik klikken de batterijen in de verborgen camera's van onze tassen en stappen uit. De chauffeur mompelt dat we gek zijn. 'Jullie spelen met je leven.' Ik kijk Kim aan. Ze lacht alsof we in Amersfoort een Vinex-wijk betreden. Kim is een stoere tante!

De dame op de straathoek reageert amper verbaasd als ik haar aanspreek en gewoon recht voor zijn raap zeg dat ik een Green Card wil kopen. Ze zegt tamelijk ongeïnteresseerd dat ik niet bij haar moet zijn en knikt met haar hoofd naar een man die verderop tegen de tralies van een raam leunt. 'Hem moet je hebben.' Een latino, zo uit de film. Blauwe trui, baseballpetje en een beetje gezet. Dit gevoel heb je in Amerika de hele tijd: alles is een filmdecor. En de wijk Compton al helemaal.

De man reageert in tegenstelling tot zijn kennelijke handlanger wel verrast. Hij neemt Kim en mij op en vraagt of we undercoveragenten zijn. De taxichauffeur heeft gelijk en ik verbaas me erover dat deze kerel het inderdaad gewoon op de man af aan me vraagt. Ik vertel hem wie ik ben, dat we uit Nederland komen, gewoon toerist zijn en dat we hadden gehoord dat je hier Green Cards kon kopen.

Zoals zo vaak gebeurt ook nu weer wat veel kijkers thuis op de bank maar moeilijk vinden om te geloven. De crimineel – want laten we duidelijk zijn, Green Cards verkopen is net zo crimineel als paspoorten vervalsen – gelooft me op mijn woord en neemt Kim en mij mee naar een verlaten steeg. Er zou werkelijk geen haan naar kraaien als hij ons hier neerschiet, bijvoorbeeld omdat hij mijn uitleg van zojuist niet gelooft.

Maar in plaats van een pistool pakt hij zijn telefoon en vraagt me om voor een schoon stukje muur te poseren. Hij maakt enkele foto's en wil dat ik in zijn telefoon mijn persoonsgegevens voor de Green Card noteer. Ik geeft hem 80 dollar voorschot en mijn telefoonnummer. Hij zal me over een uur en twintig minuten bellen, en dan moet ik naar dezelfde straathoek komen. Voor nog eens 170 dollar krijg ik dan de Green Card. Ik geef hem een hand en kijk naar Kim, die zwijgend met de verborgen camera in haar tas alles opneemt.

Onze Iraniër staat er nog en als ik weer instap, vraagt hij wat er is gebeurd. 'Heb je een aanbetaling gedaan?' vraagt hij als reactie op ons verhaal. Als ik bevestig, schudt hij afkeurend zijn hoofd. 'Je bent bestolen. Welke vent was het?' Ik wijs naar de man in de blauwe trui die toevallig net langsloopt. De chauffeur doet zijn raampje open en houdt een busje pepperspray dat tussen de voorstoelen lag dreigend naar hem omhoog. 'Ik geef je ervanlangs als je mijn klant besodemietert!' De man lacht en loopt door. Ben ik zojuist bestolen? Mijn chauffeur weet het zeker, maar ik geloof de latino. We rijden Compton uit en wachten rustig af. De taximeter tikt, dus mijn chauffeur vindt het allemaal prima.

Ik krijg gelijk. Na een uur al belt de vervalser met de mededeling dat mijn pasje klaar is. De Iraniër kan het allemaal maar slecht geloven en rijdt vol achterdocht terug naar de straathoek. Nog steeds vindt hij dat Kim en ik knettergek zijn, maar in zijn ogen zie ik toch ook wel waardering, misschien een beetje ontzag zelfs. De man met de knalblauwe trui staat op de afgesproken plek. Ik geef hem het resterende bedrag en hij overhandigt mij de felbegeerde Green Card, plus een documentje met een *social security number*. Ook nog eens!

Terug in de auto grist de chauffeur het pasje vol ongeloof uit mijn handen en bekijkt het minutieus in het felle zonlicht. Hij is zichtbaar onder de indruk. 'Niet van echt te onderscheiden,' stamelt hij vol verbazing.

Ben ik nu werkelijk voor 250 dollar zojuist Amerikaans staatsburger geworden? Ik moet met dit ding natuurlijk niet gepakt worden, zo benadrukt de chauffeur ook nog maar eens. Daarom laat ik mijn fonkelnieuwe bewijs van staatsburgerschap eerst maar eens aan de receptionist van ons hotel zien. Hij checkt iedere gast en is daarom een getraind Green Cardbeoordelaar. Mike heet hij en hij bestudeert het pasje aandachtig. '*It would definitely fool me*,' is zijn letterlijke oordeel.

Een hotel boeken kan dus, maar zou ik ook een baantje kunnen krijgen? Ik loop ermee naar een restaurant in de straat en vraag aan de eigenares of ze me zou aannemen in de bediening met dit legitimatiebewijs. Ook zij bestudeert mijn zojuist verkregen burgerschap, mijn *citizenship*. Volmondig erkent ze dat dit document zou worden geaccepteerd.

En zo werd een in Nazareth geboren Nederlander op 25 maart 2018 Amerikaan. Nou ja, de medewerkers van het hotel en het restaurant zagen het kennelijk over het hoofd, maar ik vrees dat ik bij elke officiële instantie meteen door de mand zal vallen. Want bij 'Country of Birth' had die Spaanstalige boef in plaats van Israël het verkeerd geschreven woord 'Holanda' ingevuld.

20

In het hol van de leeuw

Moskou, augustus 2014

Het is een maand na de ramp met de MH17 als we naar Rusland moeten. Een compleet trollenleger probeert inmiddels koortsachtig de publieke opinie via social media richting het narratief van de Russen te kantelen en zo Oekraïne in een kwaad daglicht te stellen, maar het is allang volstrekt duidelijk hoe de vork werkelijk in de steel zit. En nu moeten wij naar Rusland. Ik ben zeer benieuwd hoe er op Nederlanders – Nederlandse journalisten welteverstaan – gereageerd gaat worden.

Ja, je leest het goed: we gaan uitgerekend naar Rusland *als journalist*, en niet zoals zo vaak vermomd als toerist met toevallig heel goede camera's in onze koffers. Dat heeft een bijzondere reden. Deze reis is niet bedoeld om voor het programma *Oplichters in het buitenland* toeristenvallen bloot te leggen. Deze reis is voor het dan nog geheel nieuwe programma *Graf Zonder Naam*. (Zie hoofdstuk 16, 'Vrienden met de ambassadeur van Algerije'.)

De zaak in het kort: in mei 2005 wordt op het Rembrandtplein een dode man gevonden. Hij zit half ineengedoken met lege drankflessen naast zich op een bankje. De politie wordt erbij gehaald en een van de agenten herkent hem als Michael de Rus, een dakloze die de voorbije jaren herhaaldelijk voor lichte vergrijpen in aanraking kwam met de politie. De dossierstukken van die eerdere aanhoudingen zijn snel gevonden, maar helaas staat nergens zijn officiële naam vermeld. De man verklaarde bij zijn arrestaties telkens dat hij aan geheugenverlies leed als gevolg van een klap op zijn hoofd. Hij weet alleen dat hij Michael heet en waarschijnlijk uit Rusland of Oekraïne komt. Hij bezit geen enkel ID-bewijs.

En nu zit men dus met zijn dode lichaam en de wetenschap dat er waarschijnlijk ergens in Oekraïne of Rusland familie woont die van niets weet. De politie kan weinig anders doen dan zijn vingerafdrukken nemen en die naar de Russische en Oekraïense autoriteiten sturen. Er komt geen respons en zo belandt hij onder een bordje met slechts het nummer A267 in een anoniem graf op de Amsterdamse begraafplaats Sint Barbara.

Net als in Algerije (zie hoofdstuk 16) heb ik ook nu simpelweg gegoogeld naar Russische tv-programma's die lijken op *Vermist* en *Opsporing verzocht*. En die zijn er. Het populairste programma op dit terrein heet vrij vertaald *Wacht op mij*. Het wordt uitgezonden in Rusland, Wit-Rusland en Oekraïne, en bezit een zeer uitgebreide database van mensen die familieleden of vrienden kwijt zijn. Volgens de website wordt via dit programma inclusief de website elke vijftien minuten een vermist persoon teruggevonden.

Een beetje nerveus typ ik op de website mijn verzoek in een

speciaal veldje voor 'vragen aan de redactie' in en ik krijg tot mijn verrassing binnen een uur antwoord. Men wil graag alle gegevens, inclusief de door de politie in Amsterdam verstrekte mugshots die destijds telkens van Michael genomen zijn toen hij werd gearresteerd.

Binnen twee weken volgt een oproep op de Russische tv, met verbluffend resultaat. Een Engelssprekende redactrice belt me een dag na de uitzending opgewonden op dat ze nieuws heeft: er lijkt een match te zijn. Eigenlijk weet ze het wel zeker. Of we zo snel mogelijk langs willen komen in Moskou. Een uitnodiging van de Russische staatstelevisie! Wie kan dat nou weerstaan? Het kan razendsnel gaan als je de juiste actie onderneemt, zo blijkt maar weer. Collega Marijke en ik zijn er stil van. We boeken een vlucht naar Moskou om daar alle details te horen en uiteraard een interview op te nemen met de redactrice, Vera Kutafina.

Het is mijn eerste keer in dit land en omdat de ramp met MH17 op dat moment pas een maand geleden heeft plaatsgevonden, met enorme politieke spanningen tussen Nederland en Rusland tot gevolg, zijn we toch wel een beetje op onze hoede.

Bij aankomst in Moskou lopen we naar de uitgang van de luchthaven en stappen in een taxi naar ons hotel. Voor mijn programma *Oplichters in het buitenland* doen we bij aankomst altijd standaard 'de taxitest'. Dat wil zeggen: mijn collega's en ik stappen los van elkaar, met de verborgen camera's aan, in verschillende taxi's. De een gedraagt zich als een doorgewinterde kosmopoliet, die de bestemming al talloze malen heeft bezocht en die je dus niets hoeft te vertellen over de do's en don'ts van de stad waar je bent. De ander speelt een bang vogeltje dat schichtig en onwennig de naam van dezelfde bestemming stamelt: ons hotel dus.

De test is uiteraard bedoeld om te onderzoeken of taxichauffeurs misbruik maken van de onkunde of de kwetsbaarheid van een klant. Beide taxi's komen vervolgens ongeveer tegelijktijdig bij hetzelfde hotel aan en de prijsverschillen zijn niet zelden astronomisch. Erg leuk om vervolgens voor de deur van het hotel de chauffeurs – die dus zojuist verschillende tarieven blijken te hebben gehanteerd voor exact dezelfde rit – tegen elkaar uit te spelen. We hebben zo al menig ruzietje kunnen vastleggen, en uiteraard een heel beste waarschuwing voor de kijker die van plan is de bestemming te gaan bezoeken.

Maar goed, nu zijn we dus in Moskou voor een heel ander programma, en de taxitest is zo'n automatisme dat ik onbewust ook deze keer apart in een taxi wil stappen. Cameraman Joep maant me tot de orde en zegt: 'Nee, Kees, we gaan gewoon met zijn allen.' En zo stappen we gezamenlijk in de eerste de beste taxi naar ons hotel, op een paar kilometer van de luchthaven. Morgen zullen we Vera ontmoeten in de tv-studio.

Als we bij ons hotel arriveren, roept de chauffeur een bedrag. Ik heb me niet bijster goed verdiept in de koers van de roebel, maar het klinkt als erg veel. Aldus wordt de *Oplichters in het buitenland*-presentator weer gewekt in mij. Ik kijk mijn collega's vragend aan. Ze bevestigen dat dit niet kan kloppen. Wij laten ons natuurlijk niet besodemieteren. Boos loop ik zonder te betalen naar de frontdesk van het hotel. De taxichauffeur moet maar even wachten.

Een uiterst vriendelijke receptionist, die ook nog eens onberispelijk Engels blijkt te spreken, hoort zichtbaar geschrokken aan wat we moeten betalen voor de rit. Hij zegt dat het bedrag ongeveer tienmaal de normale prijs is. Zonder aarzeling belt hij meteen de politie. De taxichauffeur wordt even later door diezelfde receptionist buiten te verstaan gegeven dat hij nog maar even moet wachten.

In een aanrijtijd waar onze Nederlandse ambulances nog een puntje aan kunnen zuigen, verschijnen er vervolgens met piepende banden twee politiewagens. Vier wakkere agenten springen eruit en stellen zich beleefd aan ons voor. Terwijl de taxichauffeur op een afstandje vanaf de parkeerplaats bedremmeld staat toe te kijken, vernemen de agenten van de receptionist het verhaal over die brute poging tot oplichting van deze aardige toeristen uit Nederland.

De agenten weten er wel raad mee en benen zichtbaar ontstemd op de steeds banger kijkende chauffeur af. Er volgt een tirade in het Russisch waarvan ik de strekking wel ongeveer kan raden. Even later staat de chauffeur beteuterd tussen de streng kijkende agenten voor ons op de parkeerplaats van het hotel. Hij biedt uitgebreid zijn excuses aan, zegt dat hij helemaal fout zat, dat hij schaamteloos misbruik heeft gemaakt van onze onbekendheid met Moskou en smeekt of we hem willen vergeven.

Ik kijk naar de agenten en naar de receptionist. 'Moeten we hem meenemen of gaat u akkoord met de reguliere ritprijs?' vraagt een van de politiemannen me via de receptionist.

'Als u me nu het normale tarief rekent, vind ik het prima,' antwoord ik, onder de indruk van dit uitermate kordate optreden.

De receptionist duwt vervolgens wat roebels in de hand van de zichtbaar opgeluchte chauffeur, die zich op een drafje uit de voeten maakt naar zijn auto en wegrijdt. De hotelmedewerker draait zich naar ons: 'Dit is op kosten van ons. Sorry dat dit uw eerste indruk van Rusland moet zijn. We zullen ons best doen het u verder naar de zin te maken.' De agenten nemen vervolgens beleefd afscheid en wij lopen zwijgend en onder de indruk terug naar de lobby om in te checken.

De volgende morgen rijden we (weer in een taxi, maar nu door ons hotel geregeld en met een zeer scherpe, van tevoren bepaalde vaste ritprijs) naar het centrum van Moskou. Wat het pand is van de Russische staatstelevisie laat zich snel raden: een enorm flatgebouw met over de volledige gevel de afbeelding van een gigantisch testbeeld. Ik vermoed dat hier slechts weinig westerse journalisten binnen zijn geweest. Ook hier weer – geheel tegen mijn vastgeroeste vooroordelen in – een en al hartelijkheid en gastvrijheid. Weliswaar moeten we langs een hele batterij beveiligingspoortjes, maar waar heb je dat tegenwoordig in Nederland niet? Vera leidt ons rond en eenmaal op de redactie vertelt ze voor een enorme kaart van Rusland wat er is gebeurd na de oproep op tv.

De redactie werd de volgende morgen zevenmaal gebeld door allemaal vermeende familieleden van de man. Het waren telefoontjes uit Donetsk in Oekraïne en uit de stad Petrozavodsk in Karelië op 1000 kilometer ten noorden van Moskou, zo'n 300 kilometer van de Finse grens. De tipgevers noemden allen dezelfde naam: Mikhail Ivanovich Kinash, geboren op 19 november 1960. Toen Vera die naam intypte in de zoekmachine van het tv-programma, kreeg ze meteen een hit. De man is twee jaar eerder als vermist opgegeven, in 2012. Dan pakt ze een foto uit haar archief: een van de foto's die in 2012 was meegezonden door de tipgevers.

Dit zijn momenten van ontroering. Het is een portret van

een gewone man die je op straat zo voorbijloopt. Hij ziet er verzorgd uit, donker haar in een scheiding, netjes geschoren, in een hagelwitte blouse en een blauwe stropdas. Hij kijkt ernstig in de camera. Ter hoogte van zijn borst zie je nog net een stukje van een dameshand met rode nagellak. De foto is zo te zien dus uitgeknipt uit een familieportret.

Uit mijn tas pak ik nu een van de mugshots van de Amsterdamse politie, genomen na een van de vele keren dat die onbekende Michael de Rus werd gearresteerd voor een diefstal of openbare dronkenschap. Ook een portret van een man. Ouder, het hoofd meer tussen de schouders gezakt. Met een zwart-wit gestreept T-shirt aan, ongeschoren, een neutrale blik. Onmiskenbaar dezelfde persoon. De een thuis in Rusland, de ander verdwaald in Amsterdam.

Omdat de regio Donetsk op dat moment oorlogsgebied is, besluiten we door te vliegen naar Petrozavodsk. Daar zou zijn broer Sascha wonen. Met een traan in ons oog nemen we afscheid van Vera. Ook zij is zichtbaar ontroerd. Het is duidelijk dat als de menselijke maat de boventoon heeft, culturele en politieke verschillen volstrekt irrelevant zijn.

In Petrozavodsk treffen we in diepe armoede Mikhails broer en diens vrouw aan. Ze wonen in een flatgebouw in typische Sovjetstijl en hebben onze komst voorbereid door een buitenproportionele hoeveelheid zoetigheid en broodjes in huis te halen. En ze hebben al zo weinig. We nemen fotoalbums door en horen de hele familiegeschiedenis. Het verhaal van de onbekende, dode dronkaard op dat bankje op het Rembrandtplein in Amsterdam.

Mikhail was een fervent Beatles-fan. Hij was ooit getrouwd

en heeft een kind, dat in Siberië woont en niets met hem te maken wil hebben. Na zijn scheiding vertrok hij als verstekeling aan boord van een schip naar Amsterdam. Toen men na een paar jaar niets meer van hem hoorde, heeft de familie een zoekexpeditie naar onze hoofdstad ondernomen. Ze zijn gaan kijken op allerlei plekken in de binnenstad waarvan ze vermoedden dat hun broer er weleens kon rondhangen. Tevergeefs, want Mikhail lag op dat moment al in graf A267. Ik neem DNA af van Sascha en de uitkomst mag geen verrassing zijn. De match is honderd procent met het DNA dat de politie heeft afgenomen uit de bovenbeenbotten van Mikhail.

Met dit verhaal wil ik nog iets anders zeggen, in deze tijden van polarisatie en vooroordelen. Poetin is dan wel een ploert, en de vooroordelen die ik over de Russen had, zo vlak na de ramp met MH17, werden ook heel even bevestigd door die eerste taxichauffeur, maar die vooroordelen werden vervolgens keihard ontkracht door de politieagenten, de hotelmedewerker, de redactie van het programma *Wacht op mij*, de broer en schoonzus van Mikhail, en eigenlijk alle andere Russen die we tegenkwamen. Het is een les die ik telkens weer tijdens elke reis, en na elk avontuur trek: pas op met vooroordelen, want ze komen bijna nooit uit.

Wij stervelingen verschillen in essentie amper van elkaar. Om Gert-Jan Segers bij zijn afscheid als Kamerlid en politiek leider van de ChristenUnie te parafraseren: 'We zijn vergeten dat we allemaal kleine krabbelaars en struikelende stuntelaars zijn.' En dus allemaal precies eender op zoek naar ons en naar elkaars geluk.